明るいトランスジェンダー生活

佐倉智美

Sakura Tomomi

TRANSVIEW トランスビュー

まえがき

一九八九年の秋、とある高校の非常勤講師として地理を担当していた私は、二学期の中間テストで、正解が「西ドイツ」となる問題を作成していた。その解答に単に「ドイツ」と書いた生徒がいたので、思い切りバツをつけたところ、その生徒が猛烈に抗議してきたので、私は「西ドイツ」と「東ドイツ」のちがいについて懇々と説いて、それを退けたのだが、それから一週間もたたないうちに大変なことが起きてしまった。そう、ベルリンの壁の崩壊である。むろん兆候がなかったわけではないが、まさかそんなに早く事態が進む（あまつさえ一年後には、東西ドイツ統合となる）とは、予想を超えていた。かくして、その生徒に対しては非常にきまりが悪かったのだが、同時に、何か歴史が動く瞬間に立ち会ったような気分になったものだ。

それからというもの、世界はどんどん動き、一九九一年のソビエト連邦解体の際などは、学期途中で教科書の内容がどんどん古くなっていってしまい、最新情勢の補足プリントづくりに追われて、難儀したりもした。

それで、もう地理の授業はまっぴらと思い、政治経済の担当に移った一九九三年、これならもはや世界で何が起こっても大丈夫と、たかをくくっていると、今度は国内政治の分野で細川連立内閣の誕生という出来事があり、またもや補足プリントで大わらわ。

それにしても、こうして見ると、時代のうねり、歴史的な大変化（細川連立内閣は、後になってみれば、ただの短命政権にすぎなかったが）は、遠い海外から、しだいに自分の身近な方向へ迫ってきていることになる。

かくして、いよいよ一九九五年あたりからは、自分自身の大変革と呼べるものが始まっていくのだが、そんな一九九五年から、かれこれ十年がたとうとしている。

思えばこの間、さまざまなことがあった。この十年の間に、いろいろなことが変わった。私自身と私を取り巻く環境は、劇的に遷移《せんい》した。ありていに言って、この私の十年の場合、自らの「性別」が変わった。

かつて男性として生まれ育ってきた私は、今では女性として暮らしている。本書のタイトルにもなっている「トランスジェンダー」とは、そのように性別を越境した生活をおこなうこと、おこなう人を指す。現在のところ、そうした事象を意味して「性同一性障害」という言葉（厳密にはもう少しせまい範囲を定義する医学用語なのだが）も、世間では知名度が上がっている。

男性としての人生は、やはり社会との不調和や不満足の連続であった。詳細はとても一言では書ききれないが、幼少期から高校・大学時代までのエピソードは、既刊の拙著『女が少年だったころ』（作品社　二〇〇二）や『女子高生になれなかった少年』（青弓社　二〇〇三）で展開されているので、興味を抱かれた方は、ぜひそちらもご一読いただきたい。本書も、これらの続編と位置づけることができ、共通する登場人物も少なくないので、あわせて読めば、より楽しめるはずである。また時系列的な順番という点では、本書の「前夜」と「第1章」の間に、『性同一性障害はオモシロイ』（現代書館　一九九九）が位置することになるだろう。もちろん本書だけを読む場合でも、差し支えなく読み進められるように、記述は配慮してある。難解な〝専門用語〟も、極力避けている。

ついでに断っておくと、本書は事実に基づくノンフィクションではあるのだが、プライバシーへの配慮や読み物として構成するための最低限度の必要から、事実を若干は編集して書いている。人名や地名も、私の本名という位置づけで使われている「小川真彦」を含めて、原則として仮名にしている。ただし中盤以降、私が〝佐倉智美〟としてかかわった方々は、基本的に実名で登場してもらった。

現在の女性としての生活は、おおむね快適で、自分が自分でいられるという満足が得られるものである。いわゆる性転換手術（性別適合手術）は受けておらず、戸籍の性別記載の訂正も法律の想定の対象外だったりするので、やはり「元男」としての気苦労も少なくないが、それでも女性として世の中に存在するほうが、なんといっても自分で自分が好きになれるのだ。そのあたりの詳細は、ぜひ本書を読み進めて確かめていただければ幸いである。

ただ、性別を変えて生きることが、かくも大げさな話になってしまうのも、いかがなものだろうか。べつに私は「女に」なりたかったわけではない。自分がこうありたいと思う「自分」を望んだだけなのだ、と、今では思える。そもそも人間を「男」「女」に二分し、あらゆる人生の選択が、そのいずれに属するかによって限定されたりしなければ、「性別を変えて生きる」必要もない。なりたい自分になる前に「男」や「女」でなくてはならない、現状こそが理不尽なのである。

そういう意味では「性別」は、まさに人間の可能性を分断する〝ベルリンの壁〟である。となると、こちらもそろそろ、崩壊させてよい時期に来ているのではないだろうか。

明るいトランスジェンダー生活＊目次

第2章　きっと忘れない

第3章　新世紀の挑戦

第4章　佐倉先生の謎

第5章　制度という名の障壁をこえる

第6章　女子大生になる日

装幀　クラフト・エヴィング商會
[吉田篤弘・吉田浩美]

明るいトランスジェンダー生活

前夜　崩壊する時代

男として生きた最後の日々

激震の大地

ゴォォォォー

地の底から湧き上がる鈍い音。そして振動。

「んー、地震か……」

まだ外は暗い冬の明け方。ベッドの中の私は夢うつつに思った。

しかし今日の縦揺れは、いつになく強……い？

ぼんやりとそう感じた次の瞬間、激しい横揺れがやってきた。

ガラガラグワッシャーッ!!

眠りは一気に吹き飛んだ。部屋全体が強烈に揺さぶられた。ベッドが前後左右に振り回される。

いつものちょっとした地震とはわけがちがう、どころの話ではない。

「ウワァーーーッ」

身動きがとれない。私は必死にシーツにしがみつくよりほかはなかった。棚の上から、押し入れの中から、さらには机の引き出しから、無造作に収納してあったものはことごとく落下してくる。壁はベキバキと音を出し、柱はギシギシ悲鳴を上げている。

家が潰れる⁉

どうしよう！　死ぬのか⁇

「……………………っ‼」

私が最悪の事態を覚悟しかけたとき、ようやく揺れが収まった。

一九九五年一月十七日の朝、私はこうして目を覚ました。

しばし放心した私が我に返ったとき、眼前にあったのは、荷物が足の踏み場もなく散乱した部屋。ベッドの上だけは落下物もなく比較的安全だったのは、かつて小学生だった一九七〇年代に、小松左京原作の映画『日本沈没』を見て恐くなり、家具のレイアウトを大地震対応でおこなった、その成果かもしれなかった。以前は非常持ち出し袋なども用意していたのだが、さすがに二十年以上が経過し、大地震への警戒心は近年はすっかり失せていた。そういう意味では、まさに天災は忘れたころにやってきた格好である。

なんとかスリッパを発掘すると、私は階下へ下りてみた。同居の父も起き出してきていて（もともと早起きなのだが）、すでに地震情報を見るべくテレビをつけていた。この時点ではまだ、震度速報を表示する略地図は、三重県あたりが画面の中心であった。

「おぉ真彦、二階はどうやった」

「いやぁ、もう部屋はぐちゃぐちゃ。……けどいちおうだいじょうぶ」

こういうときはやはり一階のほうが、揺れはまだましのようだ。

「とうとう東海大地震が起こったんかなぁ」

「どないやろ？」

先刻の地震が、今後「阪神淡路大震災」として長く記憶されるものになるとは、大阪府北部在住の私たちは、未だ思い及んでいない。

「ちょっと仕事場の様子、見てくるワ」

「そうか、気ぃつけてな」

わが家がさしあたり無事なのを確認すると、私は簡単に身仕度をすませて家を出た。

このころ私は、自宅からクルマで十五分ほどのところにある、とある学習塾の教室長をしていた。教室が、私の自室と同じような状態になっていては大変である。東の空が白んできていた。教室へ向かう道中、街はすでに平静を取り戻しているように見えた。

教室に着くと、ロッカーの上から空の段ボールがひとつ落下していた以外は、特筆すべき問題はなかった。集団一斉授業ではなく、個別指導方式の塾なので、教室はビルの一室をテナントとして借りているのみである。ビルは鉄筋コンクリートなので、木造の自宅とは揺れ具合がちがうのだろうか。一帯がもともと竹やぶだったところを開発した土地であるのも、地盤が強固な一因だったかもしれない。私はとりあえず教室の無事の報告を、大阪市内の本社にファックスで送信した。学習塾を経営する本社は、大阪府下に私の教室を含めて十数教室を展開している。

続いて自宅に電話すると、このまま教室で仕事をして、夜に平常どおり帰る旨を父に伝えた。たまっている雑務もあったので、せっかく早く来たこのチャンスに片付けてしまおうと思ったのだ。

これがこの日、電話を使えた最後の機会となった。

日中、仕事の合間にときおりテレビをつけると、ニュースは断片的に地震の被害情報を伝えていた。交通機関の乱れや道路の渋滞情報のほか、雑居ビルの外壁がはがれ落ちたとか、神社の石灯籠《いしどうろう》が倒れて散歩中の人がケガをしたなどの話が中心となるなか、昼頃からはしだいに、兵庫県神戸市方面でもっと大変なことが起きているらしいことが伝わるようになった。死者百人などという未確認情報もあった。

私は漠然とした不安を増幅させた。

やはり教室に通う生徒たちの安否確認の電話を入れたほうがよいだろうか？

だが時すでに遅く、電話は不通になっていた。先月冬のボーナスをはたいて入手したばかりの携帯電話もまた、画面に謎の記号を並べて使用不能を宣言していた。

やがて夕方になって、生徒たちが三々五々集まってきた。個別指導の塾なので、同じ授業時間枠でも、やってくる生徒の学年や勉強する教科はさまざまである。いわば、生徒のほうが通ってはくるものの、学習のスタイルは家庭教師式なのであった。

まずは母親が運転するクルマに乗って、玉川洋夢が現れた。小学五年生の男の子なのだが、非常に個性的なために集団塾にはなじめずウチに来ている。アニメや特撮ヒーローが大好きで、それらの古典に対する知識も豊富だった。そのため私と話が合い、よく雑談が『ウルトラマン』『仮面ライダー』や『機動戦士ガンダム』に関する話題で盛り上がっていた。

「いゃーご無事でしたか」

ませたセリフをにこやかに口にする洋夢のふくよかな顔は、魔夜峰央のまんがのキャラクター〝パタリロ〟を彷彿とさせる。

「フフフ。ワシは『運』が80以上のキャラクターやからナ」

そう冗談交じりに応じるうちに、高校二年生の女子生徒、桐沢郁世もやってきた。

「コンニチハー」

「ち、ちょっと待て、今日はエライ早いやないか⁉」

近所の公立高校ではなく、電車で私立の楠木学園高校まで通い、バスケットボール部にも入っている郁世は、いつも遅刻気味なのである。ちなみに楠木学園高校は今年度に共学化されるまでは、楠木女子高校という名前だった。

「だって今日は臨時で午前中授業やってんもん。地震でクラスの半分くらい来ぇへんかってんから！」

そう口をとがらす様子は、ショートカット……と言うよりスポーツ刈りに近い髪とあいまって、妙に少年っぽい雰囲気である。郁世は日頃も、スカートは制服以外は持っていないとうそぶいていた。

「そうか。大変やなぁ」

私は地震による交通機関の乱れを、あらためて実感した。

「こんにちは。小川先生、今日は平常どおりなんですね」

六時になると矢部穂奈美先生が出勤してきた。近畿外国語大学の三回生で、昨年の夏期講習のとき以来アルバイトとして授業を手伝ってもらっている。身長百八十センチに届く長身・大柄の穂奈美先生は、普段よく日本には女物で自分に合うサイズの靴や服がないと嘆いていた。当時の私が、まだその悩みに共感してあげられなかったのは残念なことである。

「ご苦労さん。電車とかちゃんと動いてた？」

「はい、京都方面はなんとか。でもなんか神戸のほうは死者三百人とか……」

「エッ、ホントに⁉」

「あの……、さっきのニュースでは八百人って言ってました」

最新情報を提供してくれたのは、ちょうど来たところの平松伊織。中学三年生の女子生徒である。看護婦になりたいという意志をしっかり持っている伊織は、明るく素直な性格で、今は大阪府立看護専門高校の受験をめざして、熱心に勉強を続けていた。

「それじゃ伊織ちゃん。今日は一九九三年度の数学の過去問に取り組んで、そのあと連立方程式の復習ナ。おーい郁世サン、よそ見しなーい！」

さしあたり私たちは授業に専念することになった。

神戸炎上

その日仕事を終えて帰途に就いた私は、クルマを走らせながら、地震の被害の大きかったという神戸の街に思いをめぐらせた。兵庫県神戸市と私は、少なからぬつながりがあった。

私がかつて大阪府立岩船高校に入学してほどなく、出会った仲間たちと創立記念日を利用して出かけたのが、当時開催されていたポートピア'81の博覧会だった。ポートアイランドを渡る初夏の風の中で楽しい一日を過ごした思い出は、十四年後の今でも心の糧になっていると言える。

そして岩船高校卒業後に進学したのが、神戸市内にキャンパスがある六麓大学であった。六麓大学の〝六麓〟とはもちろん六甲山南麓の意である。クラブや「六麓キャンプ」、あるいはゼミの仲間たちと、それなりに楽しい大学生活を過ごした四年間は、やはりかけがえのない日々である。

ただ、高校・大学時代ともに、相応に充実していたものの、どこか満たされない感覚があったのも事実である。

男友達といっしょにいても、どこか心を開いてつきあえない。異性であるはずの女子生徒たちのほうがむしろ話が合う。女子ともっと仲よくなりたい。女子学生がするようなことを、自分もしてみたい……。

このていどに具体的に言語化することすら当時はできなかった、そんな私の切なる思いが、いわゆる「性同一性障害」によるものであるなどとは、在学中は知ることができなかった。いや、この阪神大震災当時ですら、まだ漠然としている。身体は男として生まれ育ってきた自分の心がじつは女性である、という確信にようやく至り始めるのは、この翌年、一九九六年からである。

それゆえ大学四回生の就職活動のときには、激しい葛藤があった。いくつかの会社の内定はもらったものの、男性としてサラリーマン社会で働くことを本能が拒否した。仮に入社するとしても、やってみたいのはすべて女子社員の仕事だった。悩んだ末に内定を辞退した私は、大学卒業後は高校の社会科の非常勤講師を数年間続けることになった。

もともと教員が第一志望だったし、実際に講師をしてみると、ある面での適性はあった。若さと熱意で授業を工夫すれば、生徒たちからもよく慕われたと言えるだろう。未来ある高校生たちを教える仕事は、やり甲斐もあり楽しかった。学校という職場は職務面で男女の区別があまりないという点でも、私にとって快適だった。

問題は教員採用試験である。正採用めざして毎年受験したものの、少子化の流れの中で、採用数は年々減少していて、合格はきわめて狭き門となっていた。加えて、どうも男らしくない自分は、おそらく教育委員会が採用したい男の先生の規準から外れてしまっていたのだろう。合格はいつも一次試験どまりであった。

一方で、男は定職に就《つ》かなくてはいけないというプレッシャーは大きい。臨時雇いの非常勤講師では、いつか誰かと結婚するにも差し障る。そんな動機から、私はあるとき転職をした。と言ってもいわば同業の塾講師である。教える仕事としてのやり甲斐や楽しさは、高校講師とさほど変わらなかった。

ただ民間企業である塾は、男女の仕事に差があった。私は男性社員として、会社の経営に参画する仕事をしだいにたくさんあてがわれるようになり、ついには教室長の大任を拝命させられてしまった。会社としては厚遇しているつもりだったのだろうが、私としては教室長としての雑務が余計に感じられて負担であった。それでも一講師として授業にのみ専念することは、男として許されなかったのである。

「はぁー、しかしもう卒業して七年かぁ……」

ひとしきりの回想が終わったとき、クルマはちょうど家に着いた。

帰宅した私がテレビをつけると、すでにほとんどの局の番組が臨時ニュースになっていた。そしてくり返し流されるＶＴＲを見て、私は唖然とした。

「こ、…………………」

見る影もなくアーケードが崩れ落ちた三宮センター街。無残な瓦礫《がれき》と化したビル。根元から折れるように倒れた阪神高速道路の高架橋……。最終的に死者数が六千を超える予感が、すでにこれらの映像からは伝わってきた。上空のヘリコプターから写した神戸の街は炎上していた。

生徒数奪回作戦

それからの数日間、報道は阪神大震災一色であった。若者がボランティアとしてさかんに現地入りしているというニュースを聞いて、私も何かしたいと思ったが、仕事もあり、テレビで見守るより他はなかった。なまじ人員の多い大企業にでも勤めていれば有給休暇のひとつも取れるのだろうが、個別指導塾の各教室は小規模で、いわば教室長がひとりで切り盛りしているようなものだったので、休めないのである。私は神戸の様子を気にしつつも、日々の業務に追われた。

一月も終わりになると、午前中を利用した本社での教室長会議が頻繁におこなわれるようになった。社長じきじきに音頭をとる議題は、新年度へ向けての生徒募集。どの教室も、またよその塾も、少子化と不況の波で生徒数は減少傾向にあり、生徒数の奪回は経営上、至上命題だったのだ。本来は受験生の指導でもっとも気の抜けない時期に、こうした教育とは直接関係のない事柄で、教室長が頭を悩まさねばならないのも困ったものである。

チラシの種類や、新聞に折り込む時期・枚数などについて、ひとしきり検討された後、社長がさらに推奨したのは、教室長自らによる戸別訪問。チラシを携え、教室周辺の家を一軒ずつ勧誘してまわるというのだ。

「えっ⁉　そういう方法を塾がとるのは、むしろイメージダウンにつながるんじゃないでしょうか？」

という私の具申に対して、社長はあまり聞く耳を持っていない。訪問勧誘のどこがいけないのかと言わんばかりである。

「いいですね。効果あると思います」

「ぜひやりましょう」

あろうことか、他の教室長たちが賛成にまわった。

「……こいつら、真の教育者やないな」

私は心の中で毒づくしかなかった。

会議後、社長は私を呼び止めると、不満そうに言った。

「小川先生の教室は、最近とみに〝業績〟が上がってないね。ぜひがんばってもらわないと……」

社長が問題にするのは、あくまでも数字である。私が震災の朝いち早く教室に駆けつけて無事を確認し、本社にファックスで報告した細やかさなどは、いっこうに評価してもらえている形跡がない。

「ともかく卒業してやめる子どもの分の補充も含めて、んー三割、今より生徒数三割増が目標やな。そのためには戸別訪問！」

そこまで言うなら、経営面のマネージメント専門の人員を配置してほしいものだが、社長はそんな必要はないと考えていた。つまり生徒に教える仕事などは誰にでもできることであって、それよりも経営にかかわる仕事こそが男にとって価値があるのだ、という具合である。実際には教えるという行為は高度に専門的な職能を要するものであって、社長の認識ははなはだ甘い。しかも、私の希望とは相反するものであった。

そうこうするうちに季節は進み、受験シーズンも終わりに近づいた。

三月二十日、私は朝から教室に向かった。年度末ならではの教室長としての雑務をこなさないといけなかったのと、この日は大阪府公立高校入試の合格発表にあたっていて、合否の電話連絡が生徒からかかってくるからである。

「……東京の地下鉄で有毒ガスのようなものが発生し、乗客などに被害が出ている模様です」

カーラジオから聞こえていたそんなニュースを、私はたいして気にもとめずに、ひとつあくびをしては、運転を続けた。

教室に着いてしばらくすると、平松伊織から電話が入った。

「先生！　看護専門高校、合格しましたっ!!」

「そーか！　おめでとー。よかったなぁ」

「今まで、ありがとうございました」

「いやいや。これからもがんばって、いい看護婦さんになってな」

まずはなによりである。私は伊織の夢が実現していくことをうれしく思った。なお、改正男女雇用機会均等法が施行される以前であるこのころは、「看護師」という表現はまったく普及していない。

こうして気持ちよく仕事を終えたこの日、帰宅した私はテレビをつけて啞然とした。東京の目抜き通りに広げられた救護テント群、何台もの救急車、そして緊迫した様子の地下の映像。世に言う地下鉄サリン事件であった。

「大震災からわずか二カ月。我々は再び信じられない出来事を体験しています！」

努めて冷静を装って語るニュースキャスター。たしかに、このような大事件が立て続けに起きる今年は、まさに世紀末とでも言うより他はない。

何かが崩壊していく。

時代のうねりの中で、自分自身の転機もまた迫っている予感を、私はどこかで感じていたのかもしれない。

幼児教室の賭け

四月になり、新学期が始まった。

社長の言うままに戸別訪問をしたわけではなかったが、新しく入った生徒ももちろんいる。中学三年生の女子二人組、島袋舞と上田靖江もそうであった。

演劇部に入っているという島袋舞は、明るく活動的な性格で、本当はじゅうぶんに女の子らしいのに、冗談で男の子みたいと言われるタイプだった。

「私、配役で、いつも男の子の役になんねん。どう思う？」

「いや、まさに適切な人選やな」

「んもぅ」

実際そんな会話をしたこともある。

上田靖江は、舞の友人ながら、またちがったタイプで、妙にこざっぱりしていた。女の子らしいと周囲に思われそうな自己表現を、故意に抑えているような印象である。

「靖江ちゃんは、カレシいるん⁇」

「いぇ、カレシは、ちょっと……」

なりゆきで深い意図なくそんな会話になったこともあるが、もしかしたら靖江はカレシではなくカノジョがほしかったのかもしれないなどとは、このときの私は、まったく思いつくことができていない。結果として私の問いはセクハラであった。


ゴールデンウィークが終わるころ、私は地元の折り込み求人紙に広告を出した。教室の午前の空き時間を利用して幼児教室を開設せよ。大阪南部のある教室で試行してみると、予想以上の大人気。生徒総数を増やす意味でも、コレは有望な分野である。そんな社長からのお達しにしたがって、スタッフを募集することになったのだ。幼稚園教諭か保育士の資格所持者で、自身でも育児を経験している人がよいと思われた。

幼児教室は、二歳から就学前までの子どもが対象なのだが、そんな小さい子どもに塾通いかという批判も世間にはある。しかしもともとが個別指導である私たちの塾では、幼児部門も個別式で、知識の詰め込みよりも、その子の個性を伸ばすというのが建前だったので、その点は私にも納得ができた。

応募は思いのほか多数にのぼった。私は何十通もの履歴書を書類選考したが、こうなると決め手は一種の勘である。どことなくピンとくるものがあった数名に対して面接を実施した。応募者のほとんどは女性で、面接に進んだのも全員女性だったのだが、後から思うと私は、ついついアットホームでなごやかな雰囲気の面談をしていた。無意識に女性どうしとして振る舞っていたのかもしれない。

最終的に採用を決めたのは、面接でもっとも会話がもりあがって、半ば意気投合にまで至った高岡貴子先生。私より二歳年上で、丸く柔らかな容貌は〝森のクマさん〟といった感じである。スタッフの採用はもっと論理的に考えないといけないような気もしたが、私としては、この「気が合いそう」という要素を重視したかった。一種の賭けだったかもしれない。それだけ、じつはこのころの私は、無意識に「女友達」を渇望していたのだ。

「タカオカタカコって、やっぱ結婚して名前変わられたんですよねぇ」

「ええ。でも主人もタカオカタカシなんですよ」

「マジですか」

「なんでも最初は別の苗字だったのが、親が離婚して母方の姓になったからとかで……」

「結婚ってのも、いろいろ不便なもんですねぇ」

ちなみに選択的夫婦別姓制度は、この当時からすでに何度か検討されては、そのたびに守旧的な頭のカタイ政治家たちの反対によって、法制化のずっと手前の段階でポシャっていた。

「高校時代とかは、よく『タカオカタカシ、変な名前〜。タカタカやなぁ』とか冗談で言ってたんですよ」

「うーむ、もしタイムマシンがあったらその現場へ行って、『このときまるちゃんは結婚すれば自分もそうなることにまだ気づいていない』ってキートン山田の声でツッコミを入れたいですね」

「キャハハハハっ」

そんな明るく笑う貴子先生との会話が、ふとどこかなつかしいように思えた。


幼児教室の開講は六月と決まった。生徒募集を始めると、たしかに小学生以上の部門よりも保護者の反応がよく、問い合わせやお試し学習の申し込みは相次いだ。核家族化の現代、独りで育児に悩む若い母親のニーズを、うまくつかまえた格好である。五月下旬、私と高岡貴子先生は準備に追われることとなった。

教材・教具の準備のため、いっしょに買い出しに行く日もあった。電車で大阪市内まで出かけ、堺筋本町の大手幼児用品専門店でパズルやブロックといった知育玩具を仕入れ、絵本や「ことばカード」なども揃えた。両手に大きな荷物を提げるころには、必要な買い出しはおおむね終了したが、貴子先生はせっかく来たんだからと、梅田に寄って自分の服を見たりした。

「ねえねえ小川先生、これカワイクないですか」

「うーん、ちょっと若すぎるんじゃゃ……」

「プーッ、若いもん！」

貴子先生は終始ニコニコと楽しそうである。ショッピングの楽しみから最も縁遠かったこのころの私は、なんとなくうらやましいように感じた。

「このスカートなんか、高岡先生に似合うんじゃないですか」

「えぇっ、こっちのほうこそ……ちょっと短すぎ。小川先生、エッチですね」

「そ、そーかなぁ」

こうして勧める服が、じつは無意識のうちに、自分が着たい服を選んでいるのだとも、当時の私はまだ知りえないでいた。

「お腹、空きましたね」

すでに昼時。二人は阪急三番街にあるパスタハウスでスパゲッティでも食べることにした。私はカルボナーラ、貴子先生はボンゴレを注文した。

「あっ、グラスワイン、けっこう安いですよ」

「えっ、飲むんですか」

いちおう仕事中である。が、私もこの際、二人で乾杯したい気分になった。

「それじゃぁ」

「カンパーイ」

グラスを合わせれば、そんな二人はまるでデート中の恋人どうしのようにも思えた。貴了先生はあくまでも屈託なく、ときどきエヘへっと微笑みながら、とりとめのない話を続けている。私はこんなひとときに、安らぎを感じずにはいられなかった。貴子先生が人妻である（しかも二児の母であった）ことはわかっている。それでも不思議と罪悪感もなく、私は貴子先生に心ひかれはじめていた。私は胸の奥のふわふわした感触を味わうように、ワインを飲み干した。

「……小川先生って、カノジョいるんですかぁ」

そのとき貴子先生が、いたずらっぽくこう尋ねてきた。なぜのっけから「カノジョいる」という、私が独身だと決めてかかった言い回しが使用されたのかは、大いに謎である。

「今はいません」

事実をもってアッサリと答えながら、私はようやく思い当たった。貴子先生は、私の中学時代の同級生・七森由紀子にどことなく感じが似ているのだった。

おりしも、かつて七森由紀子に心ときめかせながら山陰方面をまわった修学旅行と同じ五月下旬であったが、梅田の地下街という場所は、あの青い日本海を望む鳥取砂丘の風の中とは、あまりにも遠かった。中学三年生だったあのころとくらべて、すでに自分の年齢が倍以上になったこともまた、私は失念していた。

波動拳の怒り

七月上旬の教室長会議は、ボーナスの支給会を兼ねていた。毎月の給料は銀行振込だったが、ボーナスだけは社長がじきじきに手渡すのが慣例だった。むろんボーナスといっしょにありがたいお説教も拝聴することになる。私はそんな封建的ならわしが鬱陶しかったし、ボーナスもいちいち銀行に預けに行かないといけないのは面倒なので、月給同様に振込にしてほしかったのだが、社長の方針には逆らえない。

しかも厳しい言葉が社長の口から出る割には、金額はそれなりだったので、それがいっそうのプレッシャーになっていた。男はこの金額に見合う分だけ働いてもらわなくては困る。そんな社長の要望が暗に込められているわけだ。実際のところ、いちばん仕事が大変なのは、本社で事務を切り盛りしている女子社員たちではないかと、私などはにらんでいたのだが、そのわりには彼女たちのボーナスは、どうやら男性社員にくらべて一ケタほど少ないようなフシもあった。

まぁ今回は幼児教室の開設による生徒総数の増加で、社長のお小言も少ないはずである。適当に聞き流して、受け取るものだけ受け取っておこう。

だが、それは甘い観測だった。社長の経営者としての要求には際限がなかった。曰《いわ》く、これを機にもっともっと生徒数を増やせ。現状ではまだまだ赤字体質が改善されたわけではない。もしも〝収益〟が上がらないのなら、教室の閉鎖もありうる……。

さらに社長はとんでもないことを言い出した。

「そのためにも小川先生には、もっと教室経営をがんばってもらわないとねー。ほら、あの背のすごく高い女の子、名前なんていったっけ」

「……矢部先生ですか？」

「そう、その矢部先生に授業は任せて、小川先生は経営に専念してはどうかね」

「………………」

矢部穂奈美先生はたしかによくやってくれていたが、それでも私が自ら面倒を見ないといけない微妙な生徒も少なくなかった。玉川洋夢や桐沢郁世などはその代表例だろう。それに、そもそも私は教える仕事のほうがしたいのだ。そのあたり、折にふれて主張はしていたのだが、どうも社長の耳は素通りしてしまいがちであった。教える仕事なんぞオンナコドモの仕事であって、男は経営。社長の世界観は、どうやらそのように築かれているようであった。

いったい、どうしてこんなことになってしまったのだろう。私はただ、教育の仕事にたずさわりたかっただけなのに……。

本社を出て、教室へ向かう道すがら、しだいに虚しくもやりきれない苛立ちがこみ上げてきた。帰り際、経理を仕切るいわゆるお局様《つぼね》に呼び止められたことも、それを増幅した。なんでも領収書に不備がある、こんなことじゃ困る、もっとしっかりせよ。日ごろも、私が十日ごとに教室の現金出納を精算に本社にやってくることをねぎらいもせず、当然のような顔をして、少しでも自分に不都合なことがあるとそれを正すように求めるお局様に、私は辟易《へきえき》していた。いや、本社の他の女子社員も不満を抱えていたようで、女子社員の定着率が悪く、気がつくとすぐに代わりの新入社員が入っていた状況の主因は、このお局様であるにちがいない。本来は会社のために経理があるはずなのだが、このお局様にとっては、経理のために会社が存在するようであった。

「ったく、お前ら全然わかってない!」

途中、ボーナスを預けに寄った銀行でも、私の機嫌は収まらない。と、いきなり目の前のATMがピーピー鳴り出した。処理が終わったので、はやくキャッシュカードと明細書を抜き取れということらしい。三和銀行のATMはなかなか使い勝手のよい優秀な機械だったが、客が少しでも受け取るものを取るのが遅れるとすぐにけたたましいアラームが鳴るのが、唯一の欠点だった。その音たるやとてもお客様に対して聞かせるものとは思えない。

「うるさいっ!!」

私は声高にそう怒鳴ると、ＡＴＭの操作パネルに向かってゲンコツをふり下ろした。

授業中は、さしあたり気持ちは落ち着いた。生徒たちとのやり取りは、やはり私にとって楽しいものであった。

玉川洋夢は六年生になっても相変わらずガンダムの話をしている。高三になった桐沢郁世ものらりくらりとしつつ、学校や家での愚痴をこぼしている。島袋舞と上田靖江はほどよく私になついていて、今日もたわいのない雑談をして帰っていった。そんな中で、皆がそれなりに勉強を進めて、一定の成果が上がっている。この意義が社長にはわかってもらえないというのは、どうにももどかしいことであった。

そうして授業を終え、帰宅してしばらくすると、昼間の感情が再燃してきた。それはいつしかやり場のない怒りへと膨張する。やり場のない怒りのやり場は、結局は仮想世界に求めるしかない。私はスーパーファミコンに『ストリートファイターIIターボ』のカセットを挿入してスイッチを入れた。普段は女性キャラクターである［春麗］をなぜかつい選択してしまうのだが、この日はたまたま代表的な男性キャラである［リュウ］を選んでプレイした。

「波動拳！　波動拳！　波動拳っ!!」

必殺技を繰り出しながら、私はしばし取り憑かれたようにゲームに興じた。

北斗星、走る果て

学校が夏休みの期間も、塾は夏期講習で忙しい。受験生にはまとまった特訓の最後の機会と言えるし、他の生徒たちにとっても一学期までの総まとめは不可欠である。だが、そうは言っても、生徒たちにも先生にも休息は必要である。現実として、お盆を中心とした一週間あまりは、塾も夏休みとなるのが恒例であった。

今年はその休み期間の最後に、私は教室のオリジナル行事「社会見学会」を設定していた。文部省の進めるいわゆるゆとり教育を受けて、近年の入試は思考力・表現力を問う問題が増え、詰め込みの暗記勉強では対応できない傾向が出てきている。したがってその対策として、まずは幅広く見聞を深める必要がある。ということで、教室主催のみんなでいろいろなところへ出かける行事が「社会見学会」であった。教室のオリジナル行事で、本社からとやかく指示があったわけではないので、私は楽しんで企画していた。実際には生徒・教師ともに〝息抜き〟の側面も大であった。

夏休みということで思い切って電車で遠出し、帰りは夜行寝台列車に乗って帰ってくるという基本プランで参加者を募集したところ、申し込んできたのは玉川洋夢に桐沢郁世、それに島袋舞と上田靖江であった。本来は小学校高学年から中学二年生あたりを想定した企画なのだが、なんで受験生が三人も含まれているのか。

「べつにエェやん」

「受験生こそ気分転換が必要やねん」

行き先を話し合う参加者ミーティングで、さっそく島袋舞と桐沢郁世が意気投合していた。行き先は、大阪からだと長野方面や、山陰方面、北九州方面なども考えられたが、たいてい新幹線で通り過ぎてしまう東海道をたまにはじっくり鈍行で行ってみたいという意見が採用になり、行きは青春18切符で東京まで、帰りは寝台急行・銀河に乗ることになった。


やがて当日となり、私たちは電車に乗り込んだ。早朝の出発からしばらくはラッシュアワーと重なったが、大津を過ぎて琵琶湖の東を走るころには車内も落ち着いてくる。ときおり疾走する新幹線を車窓に映しながら、列車は関ヶ原を越えていく。

「で、志望大学はどうなってん」

ふと会話が桐沢郁世にそう尋ねる流れになった。先月の進路面談で、郁世はえらくゴネていたのだ。

「六麓女子大学の人間関係学科なんてどないや」

「女子大はイヤ」

「…………。なんでやねん」

「だって女子ばっかりやもん」

「…………大学はカレシつくりに行くところやないんやけど」

「そういう問題やないねん。女子ばっかりのところに行くのがイヤやねん」

「オマエの言うことは、よくわからんなぁ」

私としたことが、かつて中学卒業後に入学した情報通信工科大学付属高校が実質男子校状態だったのになじめずに一年で退学し、共学校を受験しなおした自分の体験をよそに、ずいぶんと無神経な対応をしたものである。

「うーん、とにかく女子大やないところ」

今日も郁世の回答はこうであった。

「そうか……。舞ちゃんは？　志望高校の心づもりは？」

私は島袋舞に水を向けた。

「うーん、岩船高校の制服がカワイイかなって……」

「そういうヤツが最近多いからなぁ……」

かつての私が一年間の男子校生活の後に入学した共学校こそが大阪府立岩船高校である。岩船高校は三年ほど前に制服のモデルチェンジをおこない、特に女子のスカートが流行のタータンチェックとなり評判を呼んだことをきっかけに、近ごろは岩船市内外から入学希望者が増え、入試の難度が上がっているのだ。

最後に上田靖江がポツリと言った。

「私は女子高がいい……」

人の望みはそれぞれである。

中学受験をするわけでもない玉川洋夢は、この間携帯用ゲーム機に興じていた。

そうこうするうちに列車は名古屋から静岡県内に入り、幾度かの乗り継ぎを経て順調に東海道を走っていく。やがて東京駅に到着したのは夕刻であった。

「緑は山手線、青が京浜東北線……」

玉川洋夢はいろんな電車を見てご満悦である。平均的な男の子像とちょっとズレている洋夢は、もしかしたらクラスで浮いていたりするのだろうか。個別指導式のウチの塾が肌に合っている者は、多かれ少なかれ個性的なキャラクターが多い。世の中、やはり多数派とちがうところに属していると、なんやかんや肩身は狭いものだ。

寝台急行・銀河が発車する午後十一時までどうやって過ごすかについて、桐沢郁世と鳥袋舞の「原宿に行きたい」というミーハーな意見も検討したが、いささか時間が中途半端であった。とりあえず玉川洋夢の望むまま上野駅まで移動した。上野駅構内をうろうろしていると、長距離列車の発車アナウンスも絶えない。さすが「ふるさとの訛《なま》りなつかし停車場」である。

「あっ北斗星って言ってますよ」

「あぁ、北海道まで走る豪華寝台特急やな」

「青函トンネルを通って札幌まで行くんですね？」

「あれちゃう？　あそこに停まってるやつ」

「いいなー、北海道。小川せんせー、行ったことある？」

「！」

洋夢と私のやり取りに郁世が割り込んだのを受けて、舞は他意なく私に尋ねてきた。だが、その一言を機に、私の心はしばしトリップしてしまった。

じつは大学生のときに続いて、二度目の北海道旅行を実行したのは、去年の夏のことであった。札幌でレンタカーを借り数日で道内一周という強行軍は、一人旅ならではである。サロベツ原野、宗谷岬、大雪山、サロマ湖、知床半島、釧路湿原、十勝平野……。北海道の自然はあくまでも雄大で、心洗われるものがあったが、そんな行程は、じつは私にとっては春先にカノジョと別れて以来の傷心を引きずった感傷旅行という側面がついてまわっていた。

どうしてうまくつきあえなかったのか。どこで男と女としての意識がすれちがってしまったのか。いつ心はなれてしまったのか。そしてなぜ、その後いまだに新しいカノジョはできないのか……。

小樽で運河を見下ろしても、札幌・大通公園のベンチで蒸かし芋を食べながらテレビ塔を見上げても、切ない想いは胸を吹き抜けた。そんな煩悶は、一年たった今も続いている。

一方でこのころ、私は大学時代以前の同性の友人ともすでに疎遠になっていた。つまるところ、もともとそんなに深いつきあいではなかったのだろう。男どうしの友情をはぐくめる相手とは、なぜか出会えなかったのだ。卒業後も年賀状を交換し交流が続いたのは、むしろ女友達だったのだが、そんなひとり、高校時代の同級生・瓜野幸子も去年結婚したという。今でもときおり電話をかけることがあるのは、大学時代の後輩・安倍摩理亜くらいなものだろうか。摩理亜とは、新入生の希望者対象のオリエンテーション合宿「六麓キャンプ」で、私が摩理亜の班の上級生のひとりだったのをきっかけに、その後恋の悩みを相談されたりしているうちに、ときどき電話で話す習慣ができていた。むろんあくまでも異性である摩理亜と、そうそう気軽に会ったり、いっしょに遊びに行ったりできるものではない。

そんなわけで、このところの私は孤独というリングのコーナーに追い詰められていた。仕事でも孤立感が深まっている。夏が終われば、また社長の業績アップ連呼が始まるだろう。新しいカノジョができる見通しもまったくない。強いて言えばその候補者であろう高岡貴子先生は人妻である。だからこういう「社会見学会」のひとときは、私にとって誰かとどこかへ出かける貴重な機会のひとつになっていたし、気晴らしという効果もあった。しかしそれも、しょせん仕事の範疇にある。生徒とはしょせん先生と生徒である。

こうした状況が私の「性同一性障害」に起因すると気がつけるまで、あとわずかながら時が至っていなかった。

結局この日は東京駅に戻り、食事を済ませた後、待合所で発車時刻を待った。

裏切りの白い雲

九月になると、夏期講習中は休みを取っていた矢部穂奈美先生が戻ってきた。

「ごぶさたしました。これお土産です」

礼儀正しくアメリカ土産を差し出す穂奈美先生は、夏休みを利用して短期のホームステイに行っていたのだ。

「サンフランシスコのほうやったっけ。どうやった」

「すごくよかったです。あっちこっち出かけちゃいました」

「まぁ外大生やから、英会話はバッチリやしなぁ」

「それに買い物に行っても……」

「買い物？」

「私に合うサイズの服や靴があるのがイイですね」

「そ、そぅ……」

身長百八十センチに届く長身の穂奈美先生は、やはり日本では居心地の悪さを感じるのだろうか。別の日には、仲よくなった現地の男子大学生がじつはゲイだった、というエピソードも紹介してくれたのだが、それらも含めてこのころの私は、マイノリティに対する理解・共感が、まだまだじゅうぶんではなかったと言えるだろう。

「卒業したら、将来はアメリカに住もうかなぁ」

そう上機嫌につぶやく穂奈美先生を、なぜかふと私はうらやましく感じた。

一方、夏休みが明けて以来、中学一年生の女子生徒・湯原里紗の様子が目に見えて変化していた。一学期までは小学生の延長で無邪気な様子を見せ、私とも屈託なく話していたのが、急に無口になってしまった。

「里紗ちゃん、どうしたの？　何か心配ごとでもある？」

「いえ……、べつに………」

「…………………」

どうしたものかと、穂奈美先生にそれとなく相談してみたところ「年頃だから」という回答が返ってきた。ようするに異性を意識する気持ちが芽生えて、そのために男の先生には隔意を抱くようになったということらしい。

じつのところ私はと言えば、女子生徒を教えるほうが得意だったし意欲もあった。少女が夢をかなえていく手助けがしたい、というのは、大学在学中に教職を志望しはじめて以来の私の偽らざる望みである。しかしそのためには、私の〝男〟という性別が、どうも邪魔である。

私は、私のあらゆるストレスの源泉が、自分が属している性別が希望とは反対であることにあるという気づきを、少しずつ顕現させ始めていた。


中旬には、またまた本社での教室長会議が招集され、秋以降の生徒募集についての実りのない論議がとりおこなわれる。社長の声を聞き流しながら、私の胸の中には虚無感だけが大きくなっていった。

いったい、自分は何をしているのだろう？　私がめざしていた教育の仕事は、こんな毎日ではなかったはずなのに……。

本社からの帰り道、よく晴れた上空はすでに秋の色になっている。それがいっそう心に染みる。

「もしも自分が女だったら、社長から変な責任を任されることもなしに、一講師として生徒指導に専念できたのに……」

そんなふうにひとりごちても、その内容は決して仮定の域を出ない。こんな自分を誰かに認めてほしい……。だがそんな願いさえはかないのは、いったいなぜなのだろう。

無性に誰かと話がしたくなった。私は大学時代の後輩・安倍摩理亜に電話することにした。実家が浄土真宗のお寺だった摩理亜は六麓大学を卒業後、仏教系の大学の専門課程に進み、今は僧侶の資格を取得して実家のお寺を継いでいた。鞄から取り出した携帯電話はドコモの初代Nシリーズ。その黒く無骨なボディが、必ずしも私の好みに合っていないことにも、男の私は気づき損ねている。

「もしもし、アベちゃん？」

「あっオガワさん、久しぶりですーっ」

明るく応える摩理亜に私は救われたような気がした。摩理亜を新入生として迎えた、四回生のときの六麓キャンプのことが記憶によみがえる。思い出はいつも心の糧である。輝いた時代はたしかにあったのだ。

しばらく他愛のない話をした後、私は最近の自分の心情を吐露してみた。摩理亜ならきっとわかってくれる。そんな期待があった。だが仏の道を歩み始めた摩理亜からは、文字どおり厳しいお説教が返ってきた。

「でも、それは甘いと思います。人は誰でも悩みを抱えてるんです。自分だけが特別なんじゃありません」

「…………………」

一般論としては一理あっただろう。でも、ちがうのだ。予想が覆されて私は少し焦った。

「オガワさんは、もっとしっかりした人やったはずです。私の尊敬する先輩は、もっと強いはずです。男なんやから、もっとがんばってください」

「いゃ、そーじゃなくて……、そう……、男じゃない、男やないねん。自分が女やったらすべてうまくいくはずやって思うんやけど……」

「そんなバカなこと、言わないでください」

電話は切れた。私は裏切られたような思いを禁じえなかった。ふり仰げば青く澄んだ空に、白い雲がひとつポッカリと漂っている。逃げるように入ったＣＤショップの店内には、森高千里の『休みの午後』が流れていた。私の目から涙が溢れ出した。

雨中の逃亡者

その日も私は雑務を片付けるために、午前中から教室にいた。傍らでは高岡貴子先生が幼児教室の指導中である。この時間の生徒である三歳の女の子は、貴子先生によくなついて楽しそうにしている。そんな様子に有意義なものを感じながら、私はワープロを叩く。

やがて午前の幼児教室の時間が終わり、女の子が母親に迎えられて帰っていくと、私は昼食にするためにロッカーを開けた。

「あれーオガワ先生、またスパ王ですかぁ？」

貴子先生がいたずらっぽく話しかけてくる。

「えっ、いや、まぁ……」

「カップ麺ばっかしじゃ身体に悪いですよぉ。よかったらいっしょにお昼行きましょうよ」

「そ、そーですね」

私は貴子先生の厚意に甘えることにした。私のクルマで近くのランチバイキングが評判のレストランまで行くと、二人はそこで楽しくひとときを過ごすこととなった。

「あ、オガワ先生、いつのまにケーキまで取ってたんですかー、ズルーイ！」

「いゃこういうのは、あるときに取っておかないと」

「甘いモノ、好きなんですかぁ」

「甘いモノも好きです。高岡センセは？」

「うーん、好きかな。……私もチョコレートケーキ取ってこよっと」

「太りますヨ〜」

「プーっ　太ってないモン！」

傍目には仲のよい恋人どうしのようにも見えるだろうか。しかし、だとしたらそれは不倫以外の何ものでもないことになる。

昼食後は、その日の勤務は終わった貴子先生を自宅まで送ってから教室に戻ることになった。自宅までの車内でも、貴子先生はニコニコとご機嫌である。

「おいしかったですネー、また行きましょうネっ」

「そうですねー。また」

このとき私の中で、貴子先生ともっと親しくなりたいという気持ちが、今まで以上に大きくなったかもしれない。貴子先生となら、昼食でも何でも行ってみたい。カラオケ。ボウリング。遊園地。ホテルだって……。本当は貴子先生と同性として親密になりたかっただけなのかもしれない。しかしこのときの私は男。したがって女と男のルールに則った関係を深めるとしたら、この場合〝不倫〟しかなかった。

思えばなぜに、女と男の単なる友情は認められないのだろうか。恋愛は女と男でなければならないという同性愛排除と並んで、女と男なら恋愛にちがいないという解釈もまた、ヘテロセクシュアル強制圧力である。

「でもなんだかデートみたいでしたネ」

「そ、それはっ……」

明るくうれしそうにそう言う貴子先生は、はたして私のことをどう思っていたのだろうか。貴子先生が真剣に不倫願望を持っていたとは思えない。もしかしたら単に私に対して「男を意識していなかった」だけなのかもしれない。だから、もしも私が本当に女でいられていたら、このまま二人の友情は大きく育っていったのかもしれない。

秋もたけなわというある日は、島袋舞たちの中間テスト一週間前であった。前日が文化祭で、演劇部の舞はクラブとクラスの両方の劇に関わっていて大変であった。まぁそれも思い出に残れば意義のある体験ということで大目に見ていたが、今日からは少々締めていかなくては！

「せんせー、私やっぱり岩船高校行くわ。あそこは演劇がさかんやから」

しかしまだ文化祭の余韻にどっぷり浸かっている舞は、教室に来るなりそんなのんきなことを言う。

「で、将来は声優になりたいねん」

「声優⁉　難しいゾー、センセの知り合いにも目指してた人おるけど、今はスーパーでレジ打ちしてるで」

「えー、ウソー⁉」

「で、そのスーパーがな、ダイエーでもジャスコでも近商ストアでもなくて……」

「……まさか西友？」

「ハハハ。ごめんなー、このギャグが言いたかっただけやから。気ィ悪くせんと、夢に向かってがんばってくれ」

「んもー」

そんなやり取りをしながら、将来の夢がある舞が、ふとまた、とてもうらやましく感じられた。

そうこうするうちに、またぞろ社長からの売り上げ増の要求がしつこくなった。

「どうかね、このところの生徒募集状況は」

ことあるごとにそんなふうに問われるのは序の口。先日などはこうである。

「最近の小川先生の教室は赤字傾向が続いてるヨ。なんとかしてもらわんと困るなぁ。収益が上がらない教室は閉鎖もありうるという覚悟で臨んでほしいね」

「は、はぁ……」

やることはちゃんとやっているし、授業の質も向上させている。もしそれでも赤字だとしたら、少子化や不況という外的要因や、あとは会社レベルでの事業としての構造的問題のはずなのだ。なのにどうして社長という生き物は、目先の数字でしか物事を評価しないのか。

やれやれ。

いい加減、疲れた。

今日も窓からよく見える秋の青い空を白い雲がひとつ流れていく。

とりあえず気分転換に、どこか遠くにでも出かけよう。

ちょうど十月の最終日曜日に大阪市内で本社主催の研修会があって、その後の一週間は日ごろの祝祭日の平常授業の振替で、私の教室は休みになっていた。

研修会では、教育研究所所長という肩書きを持つビジネス研究家が退屈な講釈を垂れていた。かといってあくびひとつするのも社長からの考課の対象になるかもしれない。そう思うといっそううんざりする。

研修会終了後、私は旅行用荷物を積んでおいたクルマで直接大阪南港へ向かった。九州・別府行きのフェリーを予約してあった。この日は天気が下り坂で、夕方になると小雨がパラつきはじめていた。乗船してみるとシーズンオフの船内は妙に空いていて、それが寂寥感を増幅した。

やがて蛍の光の音楽が流れると、フェリーはゆっくりと港を離れる。黄昏《たそがれ》のデッキに立ち、雨にけぶる大阪の街の灯りを見送れば、日常は静かに遠ざかっていく。まるで私は何かから逃げようとしているようであった。そして私はどこへ逃げようとしていたのだろうか。

秋桜に君と

天気は西から回復する。別府の朝はすでに晴れていた。

それからの数日、私は九州をドライブして回った。開聞岳の姿は美しく、出水平野に鶴の群れを見て、人吉温泉では露天風呂に浸かった。阿蘇登山道路の草千里前のドライブインには、季節がら修学旅行の団体バスが並んでいた。楽しそうな中学生たちの姿に、私はふと懐かしい気分にさせられた。長崎にも修学旅行生の姿は目立ち、私ははしゃぐ女子高生たちになぜか心引かれながら、オランダ坂、グラバー邸、原爆公園などを見て回った。

観光自体は見ごたえのあるものだったが、しかし私の気持ちは必ずしも晴れなかった。重苦しいつかえが心のどこかにあった。この旅が終わればまた日常の中に戻らねばならない。そうすればまた……。

転職という選択肢は、今までにも検討したことはあった。しかし仮に他の塾に移ったとしても、状況が好転する保証はなかった。他の業界ではなおさらである。今さら一般企業などそもそも無理だし、いわゆる男性らしい仕事はすべて自分には向いていなかった。コピーライターやデザインの仕事は魅力があったが、これらの職種の求人広告には経験者という条件が付いていた。こうなると残る選択肢は、いわゆる女性向けの仕事しかなくなる。むろんそれに就く道は男性には閉ざされている。しょせん可能な悪あがきは限られていた。もはやこの社会に、私の居場所は存在しないようであった。

思えばこうして理想と現実のギャップに悩みながら秋の日を彷徨するのは、今に始まったことではない。あの男子校に通った一九八〇年以来、私の終わらない秋は続いている。そして今度ばかりは、共学校を受験し直したり就職内定を辞退して高校講師になるなどといった起死回生の裏技もなかった。漠然とした後悔の念は、方向も定まらずに胸の中で渦巻いた。もはやすべてをリセットして一からやり直すしかない。そんなことがもし可能なのなら……。気がつくと、広大な吉野ヶ里遺跡が夕日に染まっていた。

九州旅行から帰ると、秋の日々は表面上は穏やかに過ぎていった。

高岡貴子先生とお昼を共にすることも続いていた。イタリア料理、回転寿司、お好み焼き、ラーメンを含むいくつかのレストランを制覇した二人は、本当にカラオケにも行った。貴子先生はドリカムなどをはじめ、やはり昔の松田聖子の歌が得意なようだった。私はと言うと、尾崎豊などのほかに、このころすでに女性ボーカルの歌を少しずつ歌いはじめていた。いずれにせよ、私にとってこのお昼のひとときは心のオアシスになっていた。

その日も、私と貴子先生は昼食に向かっていた。目的地はデザートバイキングのある国道沿いのファミリーレストラン。クルマを運転しながら私はふと気づいた。そのとなりは最近改装オープンしたばかりのラブホテルである。

…………！

もしかして、入口をまちがえたふりをして入ってしまうことも可能なのでは⁉

レストランが二百メートルほど先に見えてきた。レストランの駐車場の入口のすぐ手前に、塀一枚隔てただけでホテルの入口がある。

「あの……、高岡センセ」

「はい？」

「そのー、ホ、ホ……」

「えっ？」

今だ。今が貴子先生と深い関係になる最高のチャンスだ。思い切って行くんだ。がんばれ真彦‼

「い……いやその、ホットケーキもあるかなって思って」

「えぇーっ、きっとあるんじゃないですか？」

こうして私のヨコシマな企みは実行されずじまいとなってしまった。

食事を堪能した二人は、少し遠回りして帰ることになった。

「でもあのレストラン、入口ちょっとまちがえるとアブナイですねぇー」

貴子先生もラブホテルの存在には気づいていたらしい。

「そ、そうですねー。……まちがえてみたらヨカッタかな」

「またまた、そんなご冗談ヲ。キャハッ」

貴子先生はあくまでも屈託がない。

「あっ、スゴイ。きれい」

ふいに貴子先生が叫んだ。見ると、クルマは一面のコスモス畑の傍らを走っていた。そういえば「市立植物公園で秋桜祭開催中」と市の広報紙に載っていたような気がする。せっかくなのでクルマは駐車場に入れ、二人は市立植物公園を少し散策することにした。

コスモス畑は中を歩いてみると、いっそう壮観だった。

「いっぱい咲いてますねー」

「秋はやっぱりコスモスですねぇ」

「キレイですねー」

「……高岡センセもキレイですよ」

「?。今日のオガワ先生、ちょっと変～」

いぶかりながらも、貴子先生は喜んでいるようであった。私もまた、貴子先生とこんなところへ来られたのはうれしかった。二人は手こそ恋人どうしのようにはつなげなかったものの、仲よく語らいながら公園内をひとめぐりした。せめてこの幸せなひとときは長く続いてほしい。それは私のささやかな祈りでもあった。歩く二人の背中で、コスモスはいつまでも揺れていた。

教室の閉鎖と私の本社への異動が本当に決まるのは、この一年後のことであった。

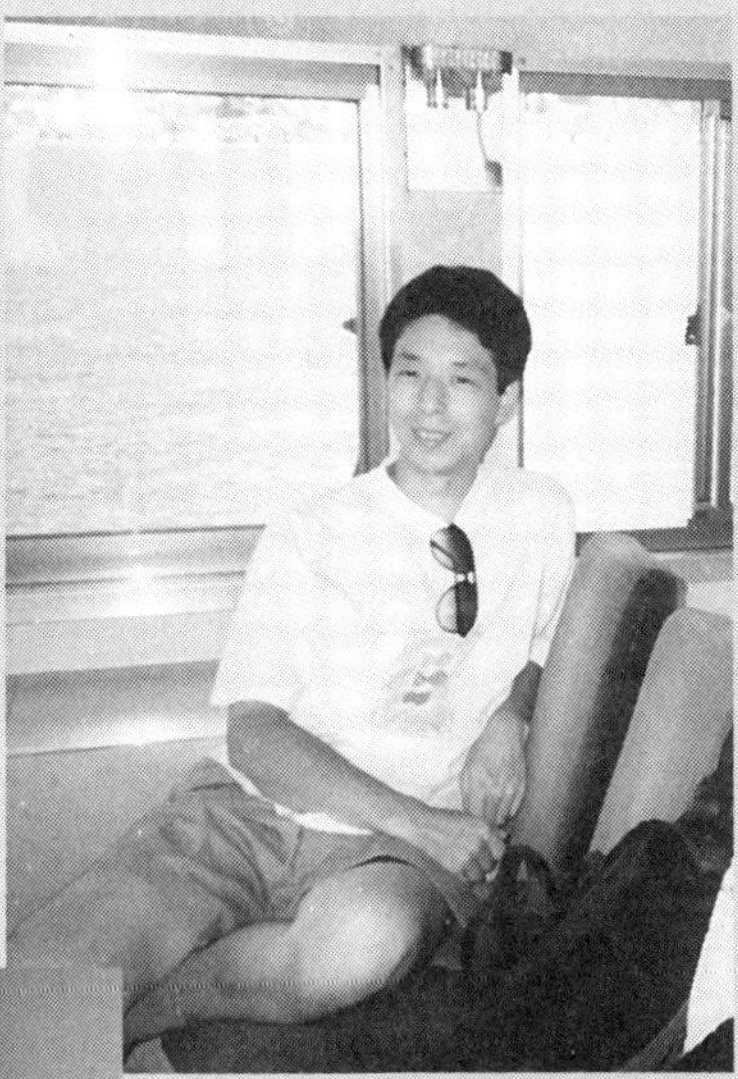

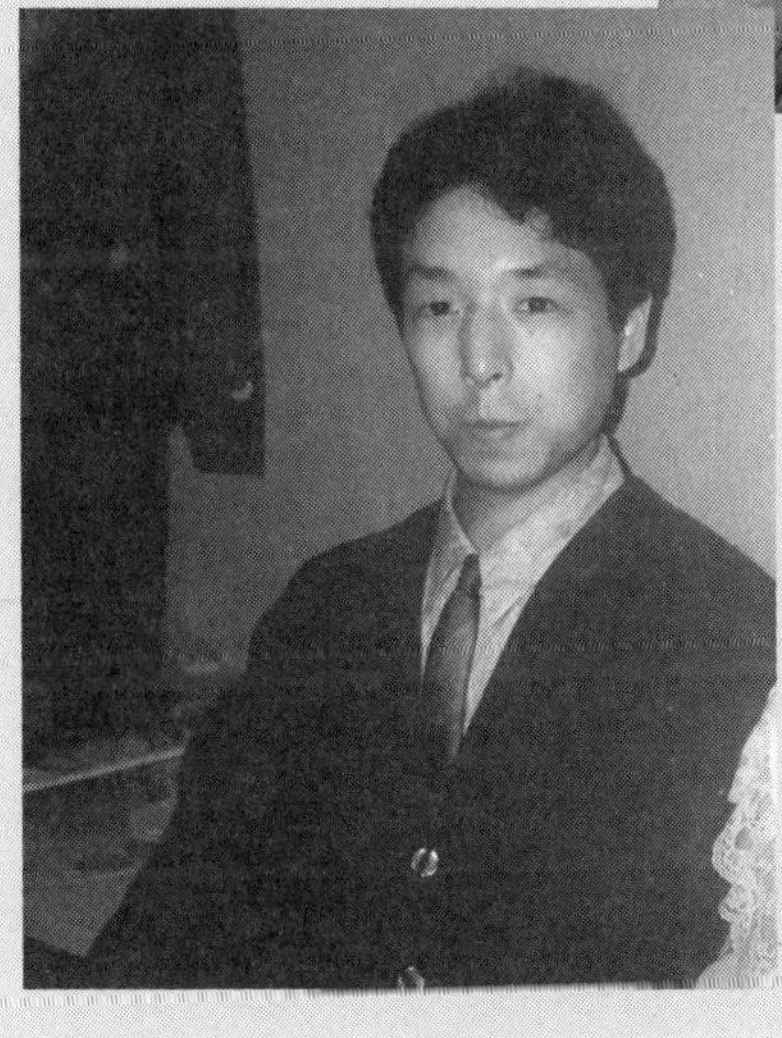

思えばこうして理想と現実のギャップに悩みながら秋の日を彷徨するのは、今に始まったことではない。あの男子校に通った一九八〇年以来、私の終わらない秋は続いている。（本文より）

私は自分が女性としてそこに存在することの幸せを味わっていた。……そして、これから私はもっと「佐倉智美」として多くの人と出会い、生きていくのだろう。（本文より）

第1章　再生へのスタートライン

お台場と出版企画書

秋晴れの青い空の下、海をはさんだ向こう側にはビルが立ち並んでいる。道路部分は渋滞中のレインボーブリッジを〝ゆりかもめ〟がゆっくりと動いている。ふり向けばテレビでよく見るフジテレビの球体展望室を擁した社屋……。一九九八年十一月のある日、私はここ東京のお台場で午後のひとときを過ごしていた。

あの高岡貴子先生とコスモス畑を散策した日からはや三年。その一年後に決まった本社への異動後ほどなく、私は会社を辞めることになり、それからさらに一年が過ぎていた。その間、こっそり〝女装〟することを覚えた私は、やがて「性同一性障害」やトランスジェンダー（性別を変えて生きる人）といった言葉とも出会い、しだいに女性としての自分のほうが本当なのだという確信を持つに至った。同じ悩みを抱えた仲間たちと知り合い、やはりこの間に結婚した相方にもカミングアウトをすませた。この三年間の葛藤や女性として生きる試みの中で感じた思いなどをエッセイ風にまとめ、インターネット上に開いたサイトで発表することも始めていた。暑い夏という〝女装〟に不利な季節も今年初めて乗り越え、女性としての外見もおおむね安定してきた今、女性として生きる試みはある意味では軌道に乗り始めていた。もちろん今このお台場にも、女性としての姿でやって来ていた。

しかし、それはまだ「通行人A」としてのレベルにとどまっているとも言えた。女性として仕事を持ったり、他者と人間関係を築いたりして世の中に参画し、社会の中に居場所を得る。そうなってはじめて本当に「女性として生きる」ことになるのだとしたら、それはこれからであった。

特に会社を辞めて以来の無職状態が長引くのは厳しい。それなりにたまっていた貯金も、すでにずいぶんと切り崩してしまった。私は女性として就職することを画策し始めていた。

同時にもうひとつ期するところがあった。インターネットで発表しているエッセイはすでにけっこうな分量になっている。これを本にして出版することはできないだろうか？〝女装〟に至るやむにやまれぬ思い。トランスジェンダーとしてのさまざまな体験。世にあるジェンダー枠組みの不条理……。これらを、より広く人々に知ってもらうことには意義がある。それで印税収入も得られれば一石二鳥である。

私はさっそく出版への行動を開始した。本屋で見つけたその名もズバリ『あなたも出版社から本が出せる』（關口雄司　一九九五　実務教育出版）などといった本も買って参考にした。最初は出版社探しである。自分が出そうとしている本の類書にあたる、性的マイノリティ関連の本やジェンダー問題一般に関する本を大型書店や図書館で手に取り、出版社の名前と住所をメモする。それをもとに合計三十社近くの候補をリストアップした。次に企画書の作成である。自己紹介と原稿内容の説明、社会的な意義などを、多少のハッタリも交えつつワープロソフトを駆使してまとめあげた。これを挨拶状と原稿の抄録とともに封筒に詰め、先のリストをもとに郵送した。郵送料はけっこうかさむので、封筒の中身を内容を落とさずに軽量化するのにも苦労した。

大半の出版社からは、その後なしのつぶてであった。一部の出版社がくれた返信の、これまた大半はお断り状であった。ていねいなアドバイスを連ね、事情により自社での企画が難しい旨を詫びるものもあれば、きわめて事務的に出版不可を伝え、理由の問い合わせにも応じられないと釘まで刺すぞんざいなものもある。ともあれ無名の素人が送った企画書。それも出版社には同様の申し入れは日常茶飯にちがいない。こうした結果も無理のないことであろう。

とはわかっていたものの、断り状が何件かたてつづくと、私もいささか意気消沈気味となる。そんなある日、〇三で始まる番号から電話が入った。

「はい？」

「あ、もしもしこちら東京の出版社の現代書館と申しますが……」

おおっ!!

『バイセクシュアルという生き方』（フリッツ・クライン著　河野貴代美訳）という本を出しているのを見て企画書を送ったところである。捨てる神あれば拾う神あり。

「はいはい、私です」

「あ、佐倉さんでいらっしゃいますか。私、現代書館の吉田と申します。このたびはわかりやすい企画書をお送りいただきましてありがとうございます。一度ゆっくりとご相談の時間をとれればと思うのですが……」

「えっ、ぜ、ゼヒっ！　あの、十一月に東京へ行くついでがありますから、もしよろしければそのときにでも……」

ちょうど、インターネットで知り合ったトランスジェンダー仲間のいずみちゃんが主催するイベント「いずみちゃんナイト」に行く機会に、何人かの関東在住の「メル友」と会う予定になっていた。

こうして夜行バスに乗って早朝に東京入りした私は、企画書を出していなかったいくつかの出版社をノンアポで回ったりした後、現代書館との約束の午後四時までの空き時間を、このお台場見物に利用していたのだ。

「ふぅーっ……」

秋の空気は、いつも青く透明である。こんな光の中を、私はどのくらい旅してきたのだろう？

そうこうするうちに、時間もほどよくなってきた。私はショッピングモールをひとめぐりすると〝ゆりかもめ〟の駅へ向かった。

飯田橋と三日月

この季節の東京は午後四時前にもなると、はや夕暮れの様相である。飯田橋の駅に着いた私は、地図に沿って現代書館をめざした。この界隈を訪れるのははじめてだったが、飯田橋という地名には小学生のときから馴染みがあった。楳図かずおのまんが『漂流教室』で、一面砂漠化した未来の東京にタイムスリップした主人公たちが、水を得るために井戸を掘っていると地下鉄の廃墟を発見し、駅名を確認するとそれが「飯田橋」だったのである。小学生のころに知った地名の場所を、今女性として訪れている……。ヘンな感慨の抱き方をしながらしばらく歩くと、やがてそれらしい建物の前へ到着した。

「いゃー、佐倉さんには、このたび貴重な原稿を賜りまして……」

「ど、どうも」

担当の吉田氏は、社交辞令をまじえつつ、ていねいな物腰で私を案内してくれた。

「しかし今のままの原稿では書籍としてのまとまりに欠けるのではないかと思います。中心となる部分を書き下ろしていただいた上で再構成するというのはどうでしょう」

「それは、もちろん追加を書くのはやぶさかではありませんが」

「できればトランスジェンダーとしての佐倉さんならではの体験をもっと膨らませてください。一般的なジェンダー問題で上野千鶴子さんも書いているような話なら、読者は上野千鶴子さんのほうを読みますから」

もっともである。

「佐倉さんの文章は、決してふざけているわけではなく、むしろ真剣なスタンスで書かれているのに、読み手にとってはラクに楽しく読める点が、非常に優れています。この点は大いに評価していいと思います」

「あ、ありがとうございます」

この吉田氏の言葉をぶっちゃけた言い方に直すと「まじめな内容なのに関西のノリでオモシロイ」というふうにでもなるのだろう。

「ただ出版不況の折でもあり、印税で蔵が建つというのは期待しないでください。もちろん毎年、年末に精算してお支払いいたしますが、その額は決して一般サラリーマンが羨むものではないです。ベストセラーになれば話は別ですが、今どき本を出して必ずベストセラーになるのはシドニィ・シェルダンくらいなものです」

「そ、そうですか」

あくまでも柔らかな吉田氏の物腰だが、こうした厳しい内容も含めてひとしきりの会談は終わった。結局、最終的に企画として通るかどうかはまだ保証がないが、年明けをめどに修正原稿を完成させるところまでは決まった。印税で荒稼ぎという野望こそあっさりと退けられたものの、出版へ向けて前進したのはたしかなようだった。


外はすっかり暗くなっていた。しかし電車で新宿に移動すると、そこは不夜城のごとく明るかった。剃ってから二十四時間が経過しようとしているヒゲをなんとかごまかしつつ、私はルミネやマイシティ、高島屋などの中をぶらぶらした。勤め帰りだろうか、店内は若い女性客でごった返している。心なしか甘い香りが充満しているようにも思える。私もその中に混じり、スカートやセーターなどを手に取ってみた。

「いかがですかー」

営業スマイルの店員が、ときおり声をかけてくる。化粧品やアクセサリーの店も見た。華やかにして優しく柔らかい、そんな女性向けの売場をめぐりながら、私は自分が女性としてそこに存在することの幸せを味わっていた。

翌日以降は「いずみちゃんナイト」を中心に、ネットの知り合いと会ってまわった。起業を考えている兼業主婦や受験間近の女子高校生など、性的マイノリティではない人々も、私を快く受け容れてくれた。東京での日々は、こうして有意義に過ぎていった。

結局この東京遠征で私は足かけ五日間にわたって、もっぱら「佐倉智美」としてのみ存在した。今までもっとも長く「男」に戻らなかった記録である。そして、これから私はもっと「佐倉智美」として多くの人と出会い、生きていくのだろう。そんな確信が持てる五日間でもあった。

これまでの人生で「男」というジェンダーの枠内であがき苦しんできた切なくも哀しい日々。そんな胸に抱え込んできた負の記憶が、今まさにプラスの力に変わりはじめたのかもしれない……。

帰りの新幹線の中、ヘッドホンステレオでミスターチルドレンの『終わりなき旅』を聴きながら、そんなふうに思いをめぐらせていると、窓の外、夜空に浮かぶ月が見えた。まだ細い三日月であった。

「あー、そろそろかぁ」

私は思った。我が相方はカミングアウト後も女性としての私を認めてくれている。とはいえ夫婦としての性生活も世間並みになくてよいかというと、必ずしもそうではない。子どもだって、やはりひとりならず欲しいという。だが近ごろの私のほうは、男性としてするセックスがとんと困難になっていた。女性として生きる領域が増えるにしたがいセクシュアリティが変容し、自分もまた〝女性として〟セックスに臨むほうがよくなってきていたのかもしれない。

こうした二人の折り合いのつけどころが「月一回」というセンであった。この数カ月は、おおむね相方の排卵周期に合わせた特定の月齢の時期に、私は「おつとめ」に励んでいるのだった。そして新幹線の車窓に浮かぶ三日月を見て、私はまたその時期が近いことに気づいたのである。いや、正確にいうと、心に何かがピンと来たことに対して、そのような解釈を加えていたのだ。

新幹線はつつがなく走り、私は日付が変わるまでに一時間ほどの余裕をもって自宅に帰りついた。このころはまだ、途中で〝秘密基地（「女装用」に借りたワンルームマンション）〟に寄り「男」に戻ってからの帰宅である。

「おかえり」

先に寝ていてくれていいと事前に相談してあったのに、相方は起きて待っていてくれた。

「ゴメンな、遅くまで」

「…………」

「何かあったん⁇」

相方の態度がどこかしらいぶかられた私は、何気なく尋ねてみた。しかし回答を耳にした私は、あまりにもデキ過ぎた展開に絶句することとなる。

「赤ちゃん、できた……」

「えっ!!」

こんなドラマのワンシーンのようなやり取りが本当にあるものなのだと、私はこのとき初めて知った。

春雨と女子更衣室

産婦人科での診断の結果、相方の妊娠はやはりまちがいないようであった。

「出産予定日は来年の七月だって」

「……って、一九九九年の七月!?」

小学生のころにノストラダムスの大予言ブームがあって、それ以来一九九九年七の月には何が起こるのかと、さんざん気にとめさせられてきたが、いやはやまさかこういう展開とは。

ともあれ子どもも生まれるとなれば、ますますいつまでも無職でいるわけにはいかない。十二月は出版をめざした追加原稿の執筆に費やした後、新年からは本格的に就職へ向けて行動を開始した。

むろん女性として就職するのである。かつて会社を辞めたときには、半年ほど女装三昧を楽しめばそれで気が済んで、その後はまた男性としてどこかの塾の講師にでもなれるだろうとタカをくくっていたと言えなくもない。しかし今はもう男性としての自分は考えられなかった。女性として通す自信もついていた。公的書類がからまないかぎり。

もしも出版が実現し「トランスジェンダー・佐倉智美」が有名になった際に備えて、履歴書用に「佐倉理美」という偽名も設定した。後から考えればぜんぜん偽名になっていないのだが、姓名判断によると佐倉智美の〝佐〟と〝美〟が非常に良い組み合わせということで、それを残すとなると変える場所は限られてしまったのだ。ちなみに履歴書の内容は、名前と性別欄以外は、いちおう本当のことを書いた。写真は女性の姿で街頭のスピード写真機で撮影したものを貼った。

応募先は、結局はまた学校や塾の講師に絞ることになった。ＯＬなどもぜひ挑戦してみたかったのだが、やはりこのトシで一般事務の経験などが一切ないという経歴はおそらく問題アリだろうと予測できた。

一月中に出した履歴書が全滅して、少々落ち込んでいた二月のはじめ、私は市の広報紙を見て「おっ！」と思った。求人のページに「留守家庭児童室指導員募集・若干名」とある。ようするに、共働き家庭の小学校低学年児童が放課後を安心して過ごせるように設けられている学童保育の先生である。

コレはいい。

私は半ば直感的にそう思った。学校・教育関連の仕事なので経歴が生かせる。準公務員なので待遇もそこそこ、かつての塾のように売り上げの件で社長からとやかく言われることもない。年齢制限のクリア加減がちょうどギリギリなのも、何か縁がありそうな気にさせた。私はさっそく市の教育委員会に出向き、いくつかの質問をした後、そのまま応募要項や出願書類の用紙を入手してきた。

出願書類を一気に書き上げ、私はあらためて応募要項を読み直してみた。一次試験は二月二十四日。午後の筆記試験に先立ち、午前には体力テストがあるという。学校や塾の先生というと頭脳労働と思われがちだが、悪ガキたちの相手はなかなかに肉体労働であると、私は以前より自ら主張していた。ましてや今回は低学年児童の遊び相手である。体力がものを言うのはじゅうぶんに納得できた。当日は集合時刻までに体操服に着替え、受付を済ませておくようにと要項にはある。

「……ち、ちょっと待てヨ!!」

私は重大なことに気づいて絶句した。これはつまり会場の市民体育館で着替えよという意味である。そして着替える場所といえば……

「女子更衣室〜⁉」

今ではおおむね女性にしか見えない外見を得た私である。が、それはあくまでも服を着た状態での話。一皮剝《む》けば胸の谷間は怪しいし、股間のもっこりも顕現する。他の女子受験者から何と見られることか。かといって女性として応募しているのに男子更衣室を使うわけにもいかない。相対的に問題が少ないのは、トイレ同様やはり女子更衣室のほうである。

これは今までで最大のピンチかも。

そう思いつつも、やがて二月二十四日はやってくるのであった。

当日は朝から早春の気配漂う淡い雨が降っていた。前夜から泊まり込んでいた〝秘密基地〟で身仕度をして、私は自宅の方向へ電車に乗り、駅からひとしきり歩いて市民体育館前に到着した。早めに着いたのでまだ体育館は開いていなかったのだが、すでに多くの受験者が入口の軒下にたむろしていた。それを見渡したかぎりでは、受験者の大半は二、三十代の女性である。やはり職種柄、女性の応募が多いのだろう。それはまた更衣室の大混雑をも意味していた。

ほどなく体育館は開場し、私たちは女子更衣室をめざした。ロッカーのなるべくいい位置を確保したいものである。入ってみると女子更衣室は思いのほか狭い。なんとか隅のほうのロッカーを確保したものの、受験者は次から次へとやってくる。ついにはとなりと袖の触れ合う状態での着替えとなった。女ばかりの密な空間に充満する独特のほのかな香り……。

もっとも私もある程度の対策は立てていた。着替えやすいように前開きのシャツ。それより下は、まだそんなに暑い季節でないのをいいことに、脱がなくてもいいように仕込んできた。

内心は穏やかではないものの、私は平静を装って手早く着替えた。まわりは私が思うほど、私を不審がってはいなかった。それでもやや焦っていた私は〝体育館シューズ〟を出し忘れ、一度施錠したロッカーをもう一度開けて、ロッカー代を二度払いさせられる羽目になった。

体育館に集合してみると、女子受験者は総勢八十名ほど。対して男子受験者は数人のみであった。やがて体力テストが始まったが、私が苦手とするジグザグドリブルなどのボール系はなく、「握力」「背筋力」「腕立て伏せ」などの筋肉系がなぜか中心であった。そうなるとさすがに「身体は男」である。かつてはクラスで一、二を争うヒヨワな男子だった私の測定値は、なるほど、男性としては情けない限りでも、女性として見れば平均値以上になってしまう。

「すごいですやん」

「ホントに！」

「えぇー、そうかなぁ、あはは……」

テストは記録の関係で、男女別に三人一組の班になっておこなわれたのだが、同じ班の他の二人は私の出す数値を見て感嘆することしきり。かように怪力女ぶりを発揮しては、じつは男だとバレてしまうのでは、という心配もないではなかったが、ここは試験にパスするほうが大事である。思い切りやるしかない。

体力テストがつつがなく済むころには、班の二人とはすっかり打ち解けていた。試験としての気苦労もあるにはあったが、むしろ私は久しぶりに身体を動かした気持ちよさを感じて、さわやかな気分だった。学校時代は体育の時間がキライだったものだが、もしも女の子どうしだったなら、もっと楽しかったのかもしれないとふと思った。

再びの更衣も無事に終わり、このあとは各自昼食をとりつつ、午後の筆記試験の会場である市駅前の市民会館会議室に移動することになっている。私と二人はいっしょに行動することになった。市民体育館を出ると、春雨はしっとりと降り続いていた。私たちは傘をさして歩きながら、たわいのない話題で談笑した。なんだかいい雰囲気である。今日が初対面の相手とこのようにスムーズに親しくなり、それがまた心地よいというのはいったいどうしたことだろう。思えば、こんなことは昔はなかった。やはり女性どうしというのが、重要なポイントのようである。

私はふと、否応なしに男性の仲間に入らねばならなかった、これまでの人生に思いを馳せた。いつも厳然と立ちはだかっていたジェンダーの壁。それを越えたところで、今の私には、新しい世界が拓けようとしているのかもしれなかった。

午後の筆記試験は一般教養で、かつて教員採用試験の一次試験には何度も合格したことのある私には、さほど難しい内容ではなかった。

筆記試験終了後も私と二人はいっしょに歩いた。バスで帰る一人が去り、残ったもう一人とは駅まで語らった。別れ際の笑顔が、なんだかすてきだと思った。心が暖かくなったような気がした。

数日後、一次試験合格通知が郵送されてきた。だが同封されていた、二次試験以降の段取りを記した要項を見て私は腰を抜かした。

『最終合格者には採用前に健康診断を受けていただきます。その結果によっては合格を取り消すこともあります』

下のほうには何度見直してもそのように書いてある。

「け……、健康診断っ!?」

お医者さんに診てもらうとなると、もはや性別のゴマカシはきかない。それにレントゲン撮影のときなども。

トランスジェンダーが望みの性別で就職しようとするかぎり、こうした問題はついてまわるようであった。

引っ越しと愛人疑惑

幸か不幸か、二次試験で不合格となった私は、健康診断の問題からはとりあえず解放された。

一方、次なる就職作戦とともに三月の課題になったのが〝秘密基地〟の引っ越しである。

今まで〝秘密基地〟にしていたマンションは、自宅の最寄り駅から電車で約三十分。これは、休日に誰にも知られずにこっそり〝女装〟を楽しむには、絶好のロケーションであった。遠すぎて不便ということもなく、近すぎて近所の人といきなり出くわすということもない。借りた当初はまだ本格的に性別を転換して生きるなどとは、私自身思い至っておらず、会社の勤めも続けるつもりでいたため、この立地に問題はなかったのだ。

しかし今は違う。社会参加を女性としておこなう機会が増え、もはやそれのほうがメインになってしまっている。そうなると〝秘密基地〟と自宅の間の「男として存在する時間」は、精神的にも物理的にも大きな負担となってくるのが自然な流れである。女性として職を得て、何らかの仕事をしていく上でも、通勤の大きなロスとなる。実際、先の留守家庭児童室指導員の選考試験は、自宅と同じ市内に午前九時集合だったため、朝起きていったん〝秘密基地〟まで行き、そこで「変身」してからまた戻ってくるのは、朝食などの身仕度も含めると、始発電車に乗っても不可能とわかり、前夜から泊まり込むことになってしまった。今後のことも考えると、やはりこの状況は改善が急がれた。

怪しいサングラスの男性としての姿は、できるだけなくしたい。男としての自分は、なるべく限られた範囲にとどめたい。そうすることで、よりいっそう望みに近づける。ひとりの女性として、普通に生きていきたい。

かくして私は、自宅の最寄り駅の近くにちょうどいい物件を見つけた。自宅から一五分ほど。クルマで移動すれば格好も適当ですむ。家賃も手頃で、定期代が不要になるのと合わせて経費節減のメリットも大きい。三月下旬、引っ越しは実行に移された。

当日、荷造りを完了して待機していると、ほどなく引っ越し業者のお兄さんがやってきた。軽トラックの小口運送屋さんである。お兄さんはてきぱきと荷物を軽トラに積み込んだ。重量物もがんばってひとりで運んでいってくれる。

この日の私は、男女どちらにでも見える格好（これは完全な〝女装〟よりもさじ加減が難しい）をしていたのだが、お兄さんにしてみれば「性別不詳」だったにちがいない。予約のときの電話の声はけっこう低かっただろうし、いざ来てみればか弱い女性にも見える外見だし、年齢や職業の面からも正体不明である。

それでもお兄さんは、私が女性であった場合に備えて、その前提で荷物運びに励んでくれたようだ。こういうとき、客であっても男性だと、何か手伝わないといけないような気にさせられたものだが、そういう気苦労が不要になったのも私には幸いだった。思えばなぜに男だと、ただそれだけで力仕事をがんばらないといけないのだろうか。そんな「らしさ」の押しつけは、じつは誰にとっても息苦しいものなのではないだろうか。

荷物の移動後は、新しい〝秘密基地〟の整理である。部屋のレイアウトを考え、段ボールを開梱。実際に物品を配置していくのだ。そして並行して重要なのが電気、ガス、水道の手続きである。これらは基本的に電話一本でできる（ガスだけは後日開栓作業に立ち会う必要があるが）ので、私は携帯電話から三回電話をした。

ここで重要なのは、これらの手続きには住民票などが要らないということである。水道は市役所が管轄しているとはいえ、住民登録とは無関係に契約できる。だから名義は好きな名前でOKなのだ。公共料金の領収書は一定の権威を持つので、ここで希望の名義にしておくことは、例えば裁判所に改名を申請する際にも大きな意味を持つ。

「『佐倉理美』でお願いします」

就職用に用意した名前がここでも活躍した。

「えーと、お電話されているのはお父様でしょうか」

声が低いので、そんなふうに問われることもあったが、それくらいでメゲていてはトランスジェンダーは務まらない。

問題は電話の申し込みであった。今までの〝秘密基地〟には携帯電話しかなかったのだが、やはり一般の加入電話があるほうが就職などにも有利である。いわば信頼性の問題である。一私企業でしかないNTTに人の信頼性を認証されるのもこしゃくだがやむを得ない。加入権の取得には正規料金で七万円ばかり必要なのも不条理だがしかたがない。今どき「施設設置負担金」もないだろうに。少なくない出費だったが、私は多少安く手に入る近所の質屋で電話加入権を調達することにした。

だが、なぜかこれには住民票が必要なのである。いったいどうして⁉　しょうがない。ここは〝男装〟するしかない。私は、市役所で住民票を取った後、質屋で手続きを済ませ、その足でNTTの営業所へ開通申し込みに赴くという順番で行動した。

「番号はソレで。ナンバーディスプレイは通常非通知にして、はい、電話帳にも載せないでくださ い」

NTT窓口嬢とのやりとりは、とりあえずはつつがなく和やかに進んだ。最後に私は忘れないように強力な裏ワザを使った。電話の契約は住民票が必要なので「小川真彦」の名義以外ではできないのだが、毎月の料金の請求先は契約者が指定すれば契約者本人とは別に自由に設定できるのである。

「あ、料金の請求先は住所は同じでいいので、名前を『佐倉理美』にしてください」

窓口嬢のそれまでにこやかだった表情が一瞬こわばった。サングラスのいかにも怪しい男性が口にする、謎の女名前。

こいつ……、マンションに愛人囲っとるナぁ‼

きっとそんなふうに誤解されたにちがいない。

お花見と給料袋

三月から四月にかけては、引っ越しのほかにもいろいろとあわただしかった。

女性としての就職を考える上で、やはりあれば頼もしいのは資格である。資格さえあれば、塾講師以外の選択肢がぐっと広がる。求人広告などを見ると「薬剤師募集」といった見出しは少なくない。現に薬局に行ってみれば、女性薬剤師が活躍している姿も珍しくない。しかし薬剤師の資格というのは、薬科大学で勉強して卒業しないととれない仕組みになっている。つまり今の私が思い立ってパッと取得できるものではなかった。資格というものは若いうちから戦略的に考えておく必要があるものなのだということをしみじみ感じた。私は高校時代の同級生、瓜野幸子が卒業後に薬科大学に進学していたことをふと思い出した。実際彼女は結婚退職まで、資格を生かして働いていたはずだ。

そんなわけで、私は初級シスアドの試験を受けることにした。パソコンを使いこなす技術に関する資格なのだが、すでに使いこなしている私にとっては、少々追加で勉強すれば簡単に合格できそうな内容であり、制度的にも試験を受けて合格さえすれば取得できるようになっているので好適だった。

また出願や合格後の資格の交付に住民票などが要らないので、好きな名前で申請することができる。後々のことを考えれば名前をどうするかは慎重に検討したいところだが、実際に働く名前、この場合「佐倉理美」で資格を取ることも不可能ではない。
　試験場で見渡すと、受験者は男女半々くらいだった。男性ばかりでこそないものの、逆に女性が圧倒的に多いわけでもない。電気系という観点ではシスアドはいかにも女の子らしい資格ではないのだろう。やがて合格通知を受け取るのは六月のことになるのだが、その結果、私の履歴書の資格欄にはアマチュア無線の免許とともに電気系の資格が二つも並ぶのであった。

　相方のお腹も相当大きくなってきた四月の毎週水曜日は、市の主催する「両親教室」に参加した。初産《ういざん》の妊婦とその配偶者を対象に、出産や育児に関する講習・実習をする会である。
　平日の日中ということもあり父親の参加はどうしても少なく、実態は「母親教室」な状況のなかで、ウチは二人そろっての毎回出席だったのだが、この場合「妊婦の配偶者」として行く私は男として行かねばならない。そして男に見えるように振る舞うことが、すでにかなり困難になっていることをあらためて実感することとなった。気持ちの上ではすっかり「女どうし」で他の妊婦さんたちと意気投合したりもした。むしろたまにどこかのお父さんが出席すると、私は男どうしとしての対応に、妙に苦労するのであった。離乳食の調理実習で、華麗な包丁裁きを見せるのも、男性としては珍しいことらしかった。

　一方、関西のトランスジェンダー仲間でのお花見の会が三月の終わりにあった。場所は幹事の独断と偏見で兵庫県西宮市の夙川《しゆくがわ》公園。阪神間ではお花見のメッカとも言える場所である。私は軽く顔を出して宴を楽しんだものの、身重の妻が家で待っているという理由で、早めに退席した。が、ふと思った。阪急電車の夙川駅から、私の母校である六麓大学の最寄り駅・桜川までは、ほんの数駅である。私はちょっと行ってみることにした。

桜川の街は、ところどころ阪神大震災の爪跡が残っていたが、なつかしいたたずまいだった。大きな被害を受けたという六麓大学のキャンパスも、校舎の再建がすっかり終わり、まさに新年度を迎える準備が整っていた。そこかしこの桜並木は今まさに満開で、春の訪れを告げている。

私は自分の学生時代を顧みながら思った。あのころから女性でいられていたらどんなによかっただろう。それは今女性として生きるようになったゆえに、よけいに感じることでもある。ゼミで仲のよかった女子学生、妹尾梨花や夏目柚子の顔がなぜか浮かぶ。もういちど女子大生としてキャンパスライフを送ってみたい……。もちろんこのときはまだ本当に女子大生になるなどという野望は具現化していなかった。

そうこうするうちに桜の花も散り、季節は新緑が眩しい頃あいになってきたが、肝心の就職のほうは足踏み状態であった。電話をつけた効果か書類選考ではねられることはなくなり、いくつかの塾の面接までは行ったのだが、最終的な採用には至らない。どうも女性・配偶者アリというのが不利な条件らしい。

そんなある日、電話があった。

「もしもし、佐倉理美先生でしょうか」

「はい……？」

聞けば先日不採用になった塾の、別の教室の教室長からであった。応募した教室の教室長から紹介されて電話しているらしい。この塾は、小規模でアットホームな個別指導の教室を全国展開しているのが特徴のところであった。各教室は教室長をオーナーとして独立採算制になっている。不採用通知には、通勤の便などを考慮して今回は別の方を採用するが機会があればぜひそのときはお願いしたい旨が記されていた。私の経歴や人柄は評価しているのだが、ということらしい。そんなのはしょせん社交辞令と期待せずにいたのだが、思いもかけず「機会」が早々とめぐってきたということか。

「……ということで週四日ほどお願いできるようなら、明日にでも簡単な面接を兼ねて打ち合わせをおこないたいのですが」

「わかりました、それじゃ明日伺います」

話はあっさりとまとまり、私はこの教室で週四日、パート待遇で講師をすることになった。教室長は工藤頼子先生といって、すでに孫もいる年齢らしいのに、すこぶる若々しい女性だった。私が生徒くらいの年齢だったころからこの仕事を続けているベテランで、その間教室も順調に経営している手腕は見事なものと言える。「だから家族には迷惑かけたわ」と述懐するのを聞く機会も後にあったが、安穏と主婦の座に甘んじるよりもこのほうがよかっただろうと周囲に思わせるものを持っていた。

他にもこの教室は、私にとって働きやすい条件が偶然にも整っていた。個別指導塾なので前に立って講義しなくてよい。だから声が低いことを比較的ごまかしやすい。通勤がクルマで十分余りと至便なのに、峠ひとつ越えてとなりの都道府県になるため、プライベートも隠しやすかった。工藤頼子先生の方針でスタッフが近くの女子大の学生や主婦など全員女性というのも、この場合の私にはよかったにちがいない。唯一「男だとバレたらクビかも⁉」という不安を除いて。

初めての勤務の日はさすがに緊張した。塾講師として久しぶりの授業。なにより女性として働くのは初めての体験である。教室独自の手順などに不慣れなのに加えて、はたして女の先生として通用するのか内心冷や冷やしなければならない。

「あれぇ、今オトコの声せぇへんかった？」

低学年の男子などは、無邪気なだけにたちが悪い。あるいは女子中高生なども怖い存在だ。彼女たちは〝本物の女性〟かどうかを感じ取るセンサーの感度がすこぶる高い。いやはや、通常の勤務初日疲れ以上に目が回る思いである。

しかし数日がたち慣れてくると、私もしだいに調子が戻ってきた。これならなんとかできそうだという見通しもついてきた。生徒たちも、顔と名前を覚えるころにはカワイイ存在になってくる。

ゴールデンウィークの連休を控えたそんなある日の帰り際、工藤頼子先生が私を呼び止めた。

「はい、これ。四月分のお給料。給与振込の手続きがまだだから、今月だけ現金ね」

そう言って渡されたのは給料袋用の茶封筒。

「あ、ありがとうございます……」

「いい人に来てもらえてよかったわ。来月からもよろしくね」

「は、はい！」

四月半ばからの勤務だったので、封筒の中身は一万円余りとささやかだった。しかしそれはまぎれもなく、私が佐倉理美として働いたことへの対価だった。教室を出て歩く夜道、私は封筒の感触を何度も確かめながら、それが今までに得たどんな収入よりも価値があるように感じた。

第2章　きっと忘れない

性同一性障害がオモシロくなった日

話は若干前後するが、現代書館の吉田氏から連絡が入ったのは、まだ春浅いころであった。

「お預かりしていた原稿ですが、このたび正式に企画として採用することになりました」

「あ、ありがとうございます」

とうとう本当に本が出せることになったのである。

「つきましてはタイトルなのですが、ホームページのほうの『人魚姫の独り言』のままではいまひとつ何についての本か、読者が書店で見てわかりにくいと思うのです。それを補うための広告宣伝にも、小出版社としてはなかなか予算が割けませんので、できましたら内容をよく表したわかりやすいタイトルで、かつインパクトのあるものを考えていただきたいのですが」

「そ、そうですねぇ……」

わかりやすくてインパクトもある。そんな都合のいいタイトルが、はたしてあるのだろうか。電話を切った後、私はしばし考え込んだ。

「性同一性障害」という言葉は、このところ急速に知名度が上がっている。これは厳密には医学用語なので、本来は「トランスジェンダー」か何かを使うのが筋なのだが、わかりやすいという条件を満たしているのは前者のほうだろう。「性同一性障害」をタイトルに織り込むというのは、この場合定石と言えた。

問題はそれをどうアレンジするかである。『性同一性障害について』。これでは当たり前すぎる。『性同一性障害の諸問題』。ちょっと硬い。『性同一性障害から見た世界』。なにやら怪しげな新興宗教の入門書のようである。

「うむむむむー」

悩む私は、ふと吉田氏の言葉を思い出した。

「佐倉さんの文章は、決してふざけているわけではなく、むしろ真剣なスタンスで書かれているのに、読み手にとってはラクに楽しく読める点が、非常に優れています」。私自身、性別二元制が強固な中で性別を変えて生きることを試みる際のさまざまなエピソードを、できるだけ読んでおもしろいように書いてきた自負はあった。また、性同一性障害を視点として世の中の性別というものを考察していくことも、まさに興味深いテーマである。

「コレはいいかも……」

私はこうして思いついたタイトルを第一候補として、他のいくつかの案とともに現代書館にファックスした。

数日後、吉田氏から連絡があった。

「営業の者が、いくつかの書店の担当者の反応を見てみたところ、やはり『性同一性障害はオモシロイ』をタイトルにするのが、いちばん好評のようです」

こうして史上稀に見るふざけたタイトル（？）の書籍は、発刊へ向けて動き出した。


印刷所へ回す最終原稿を整えるために送り返されてきた原稿は、吉田氏による校正で真っ赤っかになっていた。「佐倉さんには貴重な原稿をいただきまして……」と物腰ていねいに述べる社交辞令とは正反対の大胆な修正要求である。中にはなんでそこまでと思うものも少なくないが、それに腹を立てていてはライター・作家失格である。相手はプロ。編集担当者の目で見た修正必要箇所は、しぶしぶ直してみれば、やはり直したほうがよかったと後で納得できる場合が多いのだ。もちろん譲れない一線は、無理に譲らなくてもいい。


最終原稿が仕上がり、それが印刷所に回って初校ゲラとなって上がってきたのは、ゴールデンウィークの前であった。連休をその著者校正に費やし、やがて最終となる第二校の校正も送り返して、あとは本が出来上がるのを待つだけになったとき、日付はすでに六月も半ばとなっていた。

「書店の店頭に並ぶのは、七月の中旬ごろになると思います」

「し、七月ですか……」

かくして一九九九年の七月は、私にとって子どもの出産に加えて、自著の出版される月となった。

そんなある日、私はまたまた市の広報紙を見て「おっ」と思った。「男女共同参画社会のための情報誌、市民編集委員募集」とある。なんでも従来はいくつかの部署がバラバラに出していた女性問題・ジェンダー問題の啓発誌を整理統合し、これからの時代（おりしも国会で男女共同参画社会基本法が成立しようとしていた）に合わせて新創刊するらしい。その際の新しい試みとして、市民の中から編集委員を公募するとのことであった。月二回ほどの編集会議と、適宜取材と原稿作成をおこなうのが仕事で、任期は創刊号の完成までらしい。

「これはまたオモシロイかも……」

編集の仕事は興味があったし、原稿作成などはもはや私もプロのライターである。「男女共同参画社会」というのも、いわば専門分野である。そしてなにより、こうした新しい活動に参加することで、出会いが広がり、またちがった世界がひらけるように思えた。私は書類選考用に求められている八百字の小論文を早速書き上げて応募した。名前は、いささか迷ったものの「佐倉智美」を使った。これはある意味、トランスジェンダー・佐倉智美の新たな挑戦だったたろう。

数日後送られてきた選考結果は、見事採用となっていた。

情報誌編集会議、出会いの七月

とうとう一九九九年の七月となった最初の日の午前、第一回目の情報誌編集会議があった。会場は、市の男女共同参画センターも入っている総合勤労者会館の会議室。私が着いたときには、すでに市役所の担当者や男女共同参画センターのブレーンの人が顔を揃えていた。市民編集委員に加え、こうした面々がスタッフとなり、協力して誌面作りをすることになるらしい。市民編集委員は私のほかに二人。新聞記者の経験があり、現在はフリーでライターをしている中島彰子ちゃんと、大手企業で研究開発の仕事をしている井上好ちゃんであった。二人とも私とほぼ同年代に見える。

初回ということもあり、会議は簡単な打ち合わせなどが中心であった。三人の市民編集委員は自己紹介を兼ねて、それぞれが記事にしてみたいと思う興味・関心分野などを述べることになった。

「私はもともと地元出身だったんですが、夫の転勤で関東方面に移り、それがまた転勤で最近こちらに戻ってきました。そのたびに仕事を辞めたり、地域での人とのつながりがリセットされたりで大変な思いをしました。女性にとって、自分の人生というのはいったい何なんだろうという思いがあります。同じように考えている人たちに集まってもらった座談会なんかを記事にできるとおもしろいかなと思っています」

という内容を明るく語る中島彰子ちゃんからは、気さくな人柄が滲み出ている。

一方、上品な物言いで次のように述べたのは井上好ちゃんである。

「私の今勤めている会社はそれなりに大手だし、取り組みは進んでいるほうなんだろうけれど、やっぱりセクハラと思えることがあります。セクシュアルハラスメントは、ぜひ記事に取り上げてみたいです。他にも育児休暇はまだまだ女性社員ばかりが取っていたり、管理職への女性の登用も少ないのが現実です。そんなふうに会社などが男性中心の社会であることは常々痛感しているんですが、その裏返しで、このような場はどうして女性ばかりなのかなとも思います。男性にももっと男女共同参画社会について考えてほしい。……男性の応募者はいなかったんですか？」

好ちゃんの問いに市側のスタッフは一瞬顔を見合わせると、適任と思われる人を選ぶと結果としてこうなった旨を答えた。〝元男〟の私としては、非常に居心地の悪い瞬間である。同時に私は自分の自己紹介の中で、いかにカミングアウトするかを素早く計算する必要に迫られた。応募の際の小論文の中で少しだけ匂わせておいたものの、トランスジェンダーであることはまだ明言していない。しかし名前は佐倉智美を使っているし、男女両方のジェンダー経験者であるということは、ぜひともこの仕事に生かしたくもある。しかし下手に言ったらはたしてどうなるか……。

「それじゃ次、佐倉さん、お願いします」

「あ、はい……」

司会役の市役所の人に導かれて、私は口を開いた。

「私は……、いろいろありますけど、ひとつには学校・教育とジェンダーというテーマに関心があります。以前は塾や学校の講師などもしたことがあるんですけど、男女別の校則とか、出席簿とか、教材の中の男女観など、いわゆる〝隠れたカリキュラム〟がたくさんあるなぁと感じることは少なくなかったし、自分自身が小中学生だったときにも……」

私はここで息をついだ。言うならここしかないように思えた。

「そのころは男の子だったんですけど……」

周囲は特に何事もなく平静である。男女共同参画センターのブレーンの人のひとりは、にこやかにうなずいていた。私はとりあえず本筋の話を続けた。

「男子は男子らしく・女子は女子みたいな風潮が強かったし、何かにつけ男女で区別されることに不条理な思いをしてきたので、こうしたことが現在はどうなっているか、それが子どもたちにどんな影響を与えているか、調べたりできるといいかなぁと考えています」

情報誌創刊号の三大特集が［女性の人生］［女性と職場］［学校・教育とジェンダー］であることと、それぞれの担当者は、この自己紹介の終了時点で決まったようなものであった。

「ウチの市では、もう何年か前から小学校の出席簿が男女混合になっているわ。中学校も今年度からすべてかな。あと技術・家庭科の男女共修も一九九三年の学習指導要領の改正以前から取り組まれていたのよ」

男女共同参画センターのブレーンの人は、そのようにもアドバイスをくれた。

「そうなんですか」

ほどなく編集会議はつつがなく終了した。

市民編集委員三人は、なんとなく話がまとまり、いっしょに昼食をとることになった。ちょうど総合勤労者会館の中のレストランが、安くておいしいランチを提供していた。

「ごめんなさい、佐倉さん。私さっきヘンなこと言ってましたよね……」

三人でテーブルを囲みながら、好ちゃんが謝ってきた。

「いや、ぜんぜん。そんなことは……」

「えー、でもスゴイですよね」

とは彰子ちゃん。

しかし私の性別に関しては、もはやそれ以上追及されず、あとは今後の編集の仕事や記事の話題、その他雑談で盛り上がった。それはあたかも、女どうしとしての出会いを祝う宴のようであった。三人はすっかり意気投合した。

奇遇にも彰子ちゃんは一九六四年生まれで、私とズバリ同い年だった。好ちゃんは若干年下のようであったが、私と彰子ちゃんの推測を裏切って既婚であった。目下子どもを作るかどうか、作るとしたら仕事はどうするかで悩んでいるともいう。私はもうすぐ子どもが生まれること、著書が出版されることなどもさらっと話した。

ランチの後、午後からは会社に出るという好ちゃんは駅へ急ぎ、彰子ちゃんは引き続き男女共同参画センターの資料コーナーで調べもの、私は塾の仕事へと向かった。

満咲《みさき》誕生、出産の日

一九九九年の七月も一週間ばかりが平穏に過ぎると、「ノストラダムス予言も結局は眉唾だったなぁ」という空気が、街には濃厚になりはじめていた。実際、このところ上の方向から盛んに落ちてきたものといえば、せいぜい高速道路の標識やら新幹線のトンネル内のコンクリート片くらいのものである（それはそれで問題だが）。だがそんな油断のさなか、わが家は予期せぬ狂騒に見舞われた。

午後からの塾の勤務さえなかったその日の朝、日ごろから寝起きの悪い私は、いつ目覚めるともなく、むにゃむにゃとまどろんでいた。と、横で我が相方が何やらごそごそとやっている。

「…………………」

「……？」

「……破水した」

「ぬ、なっ⁉」

私は絶句した。本来の出産予定日をおよそ二週間後に控えて起きた緊急事態ではないか！　飛び起きた私は部屋の中をどたどたと歩き回ったが、それは単に狼狽《うろた》えているだけであった。

「ど、どーしたらッ」

「落ち着いて」

相方は、さすが自分の身体のことである、てきぱきと処置を済ませると、産婦人科に電話を入れた。すぐに来るようにとの指示に従い、私は相方をクルマで送っていった。お世話になっていた産婦人科は、できるだけ自然分娩という方針で、ラマーズ法の呼吸の講習会なども実施しているくらいだったのだが、こうなってはしかたがない。相方は緊急入院の上、陣痛促進剤を投与されることになった。順調に行けば今夜にも出産だという。

いったん家に戻った私は、入院用品を取りまとめた。荷物はすぐに準備できたが、心の準備のほうは、にわかにはままならなかった。なにせ本来は、予定日までのあと二週間のうちに整えるはずだったのだ。

いよいよ生まれる。親になる。

単純にうれしいばかりではなく、さまざまな不安や葛藤をともなうことであるのは、誰にとっても同じであろう。加えて私には若干のオプションが付与されていた。

私のようなトランスジェンダーが、はたして親になっていいものか……。子の成長への影響は？将来いじめられたりするのでは⁇　しかももしも男の子だったら、男の子としての成長に必要なジェンダーモデルが父親にないのは問題だ、という意見も世の中にはあるだろう。親がトランスジェンダーであることへの許容度も、女の子にくらべれば柔軟性を欠くかもしれない。もっとも超音波診断では、どうやら女の子らしいことがすでにわかってはいたが。

しかたない。こういうことは、なるようにしかならない。生まれてくる子どもと、親としてありのままの自分で向き合うしかないだろう。

夏至から二週間あまりの長い日が暮れるころ、相方の表情は、陣痛のためになんともいえない微妙な具合になっていた。「そろそろ」という看護士さんの案内にしたがって、私たちは分娩室に移動した。この産婦人科は夫立ち会い出産をモットーとしているのだ。ちなみにこのときの私は、いちおう〝夫〟として通用しうる格好である。

夫立ち会い出産では、分娩中は妻のそばに付き添って声をかけたり手を握ったりして、出産の瞬間をともに迎えることが求められている。これはたしかにいい。ドラマなどでよくある、廊下で今か今かと待っているというのは、やはりせっかくの自分の子どもの出産がどこか他人事になってしまう。出産に至る時間と空間を相方と共有でき、なんだか自分が出産したような気分にさえなれるというのは、これは誰にとっても意義のあることではないだろうか。

そうは言っても、男性であるがゆえに疎外される場面もある。お産の進行状況をチェックするために看護士さんが相方の腟部を目視する際は、いったん分娩台から離れるように指示された。たしかに男性の目は遠ざけるべきデリケートな部分にはちがいない。しかし夫であり、牛まれてくる子どもの父親である。何も今さら隠すこともないのではないか⁉

「べつにいいのにねぇ」

後日、相方ともそう話し合ったものである。ただ逆に、もしかしたら私が〝夫〟ではなく、単なる知り合いのオバサンだと思われていたのではという説も、そのとき浮上したりした。

そうこうするうちに相方の様子は、いよいよ大変そうになってきた。

「もうちょっとですよー。もう頭見えてますからね」

そんな看護士さんの言葉も、耳に入っているのかいないのかといった感じである。講習会で学んだ呼吸法は、それでも相応に役立っているのだろうか。ほどなく産婦人科の院長が登場した。最終的に赤ちゃんを取り出す作業は、医師がおこなうのだ。

「そーれっ！」

「……ほんぎゃぁ‼」

あっと思う間もなく、赤ちゃんが出現した。

こ、これがそうなのか⁉

ドラマなどでは「クシャクシャのお猿さんみたい」といった台詞が使い古されているが、それだけ当を得た表現だったのだと悟った。

私は茫然と見つめながらも、赤ちゃんの股間をチェックした。まちがいなく女の子である。多少気が楽になったように感じた。その間にも作業はてきぱきと進められ、まずは我が相方と赤ちゃんの感動のご対面である。

「どうぞ、抱っこしてあげてください」

次いで私の番である。首のすわらない乳児の抱っこのコツも看護士さんが指示してくれる。記念撮影をしながら、私は腕の中の生暖かい感触をいとおしんだ。

新しい命。自分の子ども。そしてこの子の前では、私たちが親なのだ……。

こうして怒濤のような一日は終わった。無事に出産できてひと安心である。名前はかねてから相談してあったとおり「満咲《みさき》」と付けることになった。

出版、そして生まれ変わる夏

満咲誕生の翌日、電子メールをチェックすると、現代書館の吉田氏より連絡が入っていた。この週末あたりから、いよいよ『性同一性障害はオモシロイ』が書店に並び始めるらしい。流通の関係で首都圏以外では週明けになる可能性もあるという。

今週末はちょうどトランスジェンダー仲間のいずみちゃんが主催するイベント「いずみちゃんナイト」の通算五回目の開催日にあたっていて、今回は私もゲストとして登壇することになっていた。「トランスジェンダーと結婚」などのテーマで、いずみちゃんとトークする予定なのだが、せっかくの機会なので、本の宣伝と同時に現物を即売させてもらう手はずでもある。したがってそれが、著書が最初に売れる現場にもなるはずであった。

当日、会場の新宿ロフトプラスワンは開場当初から盛況であった。なによりいずみちゃんの企画力の賜物。バリエーションに富んだプログラムが多くの人を呼ぶようだ。ほどなく現代書館の吉田氏が〝現物〟を持ってやって来た。まずは吉田氏とともに登壇し、軽く出版の経緯などについてトーク。用意した数冊がまたたく間に売り切れたのは、うれしい誤算であった。さらに私は深夜の部にも登壇。深夜ならではのアダルトな話題も展開した。

すべてのプログラムも終了した早朝、いずみちゃんもまじえて意気投合した面々は喫茶店での二次会へと移っていた。そんな中、以前から「いずみちゃんナイト」の客席で顔見知りである〝なかたに〟氏が声をかけてきた。

「智美さん、私いま地元のコミュニティFM局のいちかわエフエムで『トランスなかたにの Night でないと！』っていう番組受け持ってるんですよ」

「へぇー、そりゃすごい」

聞けばトランスジェンダーの話題も積極的にとりあげているとのこと。

「よかったらインタビュー録音していきません？」

拒否する理由もなく私は応じ、出版の抱負などを語ったインタビューは、その場でなかたに氏のポータブルMDに収録された。その模様は同日深夜の放送でオンエアされ、これは佐倉智美としての初のラジオ出演となった。

一九九九年の七月が残り少なくなるころ、本格的なマスコミの取材申し込みも、ちらほら舞い込んできた。例えば雑誌だとマガジンハウス社の「クロワッサン」。ちょうど男女共同参画社会をテーマとした特集を企画していたところだったらしい。ジェンダー問題一般への意識の興隆の中で、トランスジェンダーへの関心もかつてなく高まってるのかもしれない（ちなみにジェンダー問題一般とトランスジェンダーの諸問題は、じつは同根だと私は考える）。

「クロワッサン」の取材は、さすがメジャー誌、私以外にも関西在住者（男性の家庭科教師）の取材があったとはいえ、スタッフ数人が来阪、大阪駅前の新築の一流ホテルの一室を借りておこなわれた。私はそこでトランスジェンダーならではのエピソードや、男女それぞれを生きた経験をもとにした世の中のジェンダー問題へのコメントを語った。やがて十月二十五日号の片隅に、私の記事が写真入りで掲載されることとなった。

大手のラジオ局からの出演要請もあった。東京のAM局・文化放送の平日午後のバラエティワイド番組に、最近出た本の著者を招くコーナーがあるのだ。関東圏ではこの番組はけっこう聞かれているらしい。編成部の担当者と出演日を相談し、構成作家の人との当日の進行の基本となる台本作成のための打ち合わせを経て、私はまた新幹線に乗って東京に赴いた。

すでに九月の下旬に入っていたこの日の東京はあいにくの雨。私は四谷の駅から傘をさして歩いた。文化放送に着いた私はスタジオ前に案内され、まずはスタッフと直前の打ち合わせをすませる。やがて本番の時間となり、私はCMの間にスタジオ内へと移動した。

「佐倉です、今日はどうぞよろしくお願いします」

「どうもどうも、こちらこそよろしく」

「あ、あの……、『夕焼けニャンニャン』よく見てました」

「おぉ、そうですか」

そう。番組の司会は吉田照美さんなのであった。

こうして本番ははじまり、二十分ほどの間、私は性別を変えて生きるようになったいきさつ、幼いころのこと、〝女装〟を始めたころのエピソード、そして最近は女性として塾講師をしていたり、結婚していて子どもも生まれたことなどを話した。これに対し、吉田照美さんもアシスタントの小俣さんもきわめて好意的に応えてくれ、トークはひとしきり盛り上がった。

帰りの新幹線の中で私は思った。

ほんの少し前まではもっぱら〝変態〟などとしか見られなかった、性別を変えて生きること。それが今「性同一性障害」をキーワードに、少しずつ理解されようとしている。私が本を出したことは、世界全体の中では些細なことかもしれない。しかしそれでも、そのことによって確実に世の中に影響を与えることはできた。それはやがて一つの流れに合流して、社会をよりよく変えていくかもしれない……。

「よかった」

　ふと、そうつぶやく私は、この世紀末の夏、新しい時代へ向けて生まれ変わることができたのかもしれない。


　ラジオ出演から数日後、すっかり秋の気配が濃くなった月末のある日、私は近所の美容院を訪れた。高校時代にストレートパーマに挑戦したりしていたので、美容院自体は必ずしも初めてではない。しかし女性客として髪を切るのは今回が初体験であった。前回散髪したのは会社を辞める直前のちょうど二年前。その時は理髪店で男性としてカットしていた。それ以来、女性としての生活は本格化する一方だったのだが、美容院で髪を切ってもらうためには美容師さんと間近に接することになるため、女性として通せるという確信を抱く踏ん切りがつかず、今まで延び延びになっていた。しかし、今はもう髪を切るなら女性として美容院で、としか考えられなかった。私は意を決して、少し前にいくつかの候補の中から最もいい感じだと選んでおいた店へ行くことにしたのだ。

「ずいぶん長いですねー、だいぶ伸ばされてたんですか」

「え、ええ二年ほど……」

「前はどんな髪型だったんですか」

「えっ」

　美容師さんにそう問われて、私は一瞬絶句した。向こうとしては、今からどう切ってどう仕上げるかを考える上で必然的な質問だろう。しかしまさかメンズのカットだったとは言えず、ごにょごにょとごまかすしかなかった。その代わりに女性雑誌の中のタレントの写真を使って、希望の髪型を伝えた。こうした方法も、私は自分が女性だと、臆することなくとることができた。

切り始めてみても、やはり美容院は理髪店にくらべて自分に合っていた。雰囲気がいい。特にこの美容院はおしゃれすぎることもなくほどよく落ち着けたし、美容師さんも全員女性であった。美容師さんとのおしゃべりも楽しい。傍に立たれても、髪をいじられても、それがむしろ心地よい。そしてカットの内容である。子どものころは、男の子だからと有無を言わさずに刈り上げられてしまう散髪が嫌いだったものだ。思春期には長髪も試みたが、結局男性としては、なりたい自分になれたわけではなかった。その後は深い諦念の中で、標準的な社会人男性の髪型に合わせるしかなかった。しかし今はちがう。鏡の中の自分がどんどん素敵になっていくように感じられる。実際、美容院で適切にカットされた髪型はチャーミングである。ポイントはやはり前髪だろう。

そうして小一時間の後、カットは終了した。くせ毛のせいで必ずしも理想どおりに仕上がっているわけではない。それでもカット前とは明らかにちがう、新しい自分が鏡の中にいる。生まれて初めてなりたい自分になれたことを、髪型に関して象徴的に実感した。

鳥取への道

十一月の初旬、この年は水曜日だった文化の日を中心に（週半ばの祝日というのはなんと素晴らしいのだろう！）、相方が初の本格的な里帰りを、一週間ばかりすることになった。里帰りといっても、相方の実家は大阪市内なので、じつは現住所よりも都会だったりする。ともあれ、二世帯住宅で隣居している私の父は、毎日のように満咲の顔を見ることができるのに対し、相方の両親はそうもいかない。たまに孫の顔を見せに行くのは必要不可欠と言えた。

相方の帰省中、私は〝独身気分〟でのんびりと過ごしていたが、せっかく身軽になったこの機会は貴重である。塾の仕事も曜日の関係で連休になる。一泊ぐらいで、どこかへ久々の気まま一人旅に出かけてみてはどうだろうか。

そうだ。鳥取へ行ってみよう。

鳥取は中学時代の修学旅行や、岩船高校一年生のときに希望参加した臨海学校の思い出の地である。そしてその後の私は、人生に行き詰まるたびに、それを打開するための答えを求めて、そんな思い出をたどる一人旅をしたものだ。例えば大学四回生の秋、男子営業社員として得た就職内定と、それに対するわけのわからない「いやだ」という気持ちとの板挟みの中で、ふらりと目指したのも鳥取だった。

私がしばしば人生に行き詰まったのは、「男」という性別で生きることが周囲と不調和を引き起こすから。そのことに気づかずに過ごした日々の悔恨は数多い。そんな悔恨を昇華させるためにも、今ここで新しい「女」という性別で鳥取へ行ってみるのは意義のあることに思われた。

万博公園の太陽の塔に見守られながら、クルマが中国自動車道を西へ走り出すと、秋たけなわのドライブは気持ちのいいものだった。淡い日差しと、青くやわらかい空。西宮《にしのみや》北インターを過ぎれば渋滞もなかった。しばらく走った後、まずは加西のサービスエリアで休憩をとることにした。無料のお茶を飲み、案内所でもらえる地図を入手した後は、トイレにも行っておくべきだろう。

女子トイレに入って、私はハタと思った。中学時代の修学旅行や岩船高校の臨海学校のときも、バスはこの加西のサービスエリアでトイレ休憩をとった。ということは七森由紀子や山野和美、岡島麻裕美といった当時心を通わせた同級生たちも、あのときここを利用したということである。あのときは異性であったために一歩引いた関係で終わってしまった彼女たちと、今ようやく同じトイレに入ることができた……。妙な感慨の抱き方だとは思ったが、このときの私の偽らざる思いだった。

山崎インターから一般国道二九号線へと降り、戸倉峠を越えてさらにしばらく走ると、鳥取は思い出の断片とともに少しずつ近づいてくる。やがて鳥取市内に入った私は、ＪＲ鳥取駅前の観光案内所に寄り、今宵の宿を予約することにした。

「すみません、今日一人一泊お願いしたいんですけど。食事なしで安いところでいいです」

「はい、かしこまりました」

係の若い女性は手早く冊子をめくり、いくつかの候補を私に提示した。

「こちらなどいかがでしょうか」

駅近くのビジネスホテルで、料金も妥当である。

「あ、じゃあこれで」

係の女性は電話を手にするとホテルに連絡をとる。

「もしもし。駅前観光案内所です。お世話になります。今日シングル一泊できますか？　女性一名です」

横で聞きながら「女性一名」というくだりに私は内心ウケていた。


鳥取砂丘に移動した私は、砂丘を見下ろす「砂丘センター」にクルマを停めた。ここもまた修学旅行・臨海学校とともに立ち寄ったところである。おみやげに「因幡《いなば》の白うさぎ」を売店で購入し、またもや女子トイレの中で感慨にふけった後、私は砂丘を眺めながら遠い日を懐かしんだ。あのときどうして「男」だったのだろう？　そんな呟きが脳裏をかすめつつ、今はもう「女」である自分がいいと思う。楽しそうな大学生ふうの女性二人組の観光客がふと目に留まった。

さらに私は、臨海学校があった浦富海岸の海水浴場へ向かった。かつて宿泊した民宿前の路上に立てば、そこは夕食後のひとときを岡島麻裕美とバトミントンに興じたあたりでもある。あのときのように少し日が暮れかかり、沖合には漁火が輝き始める。

「そういえば……」

私はふと思い出した。岩船高校一年生だったあのとき、希望参加の臨海学校にギリギリで申し込んだ私は、じつはその直前に定員オーバーになってしまい、参加できないところだった。ところがその後ひとりキャンセルが出て、私は繰り上げ参加できることになったのだった。そしてそのキャンセルしたのは……。

「……たしか女子生徒だったんだよなぁ」

不思議な縁のようなものを「女」という性別に感じながら、私は季節はずれの海水浴場を後にした。この日は先刻観光案内所で予約したホテルに泊まった。

ホテルの朝は、前夜コンビニで買ったパン類による朝食からはじまる。ヒゲを剃り、化粧をし、そうして女性としてチェックアウトするのである。この日は午後から例の市の男女共同参画社会のための情報誌の編集会議が予定されているので、あまりゆっくりはできなかった。

二九号線にクルマを走らせれば、風景はここを走ったそのときどきのいくつもの思いを刻んでいる。青い思い出と、そこから続く自分の行方を探した日々。でも、それはいつでもその時点には「現在」だったのだろう。そうして自分は、いつでもそれなりに真っ直ぐ向きながら、そんないくつもの「現在」の連なりの果てに、ここまでやってきた。そして……〝今の現在〟の私は、もしかしたら生まれて初めて、この社会と調和しはじめているのかもしれなかった。

予想以上に道路状況は快調で、編集会議には十分すぎるくらいの余裕をもって、私は総合勤労者会館に到着した。会議は和やかに進み、すでに決まっていた特集の分担にしたがって、今後の段取りなどが詰められた。

会議が終わったとき、男女共同参画センターのブレーンの人が話しかけてきた。

「ねぇ佐倉さん、一度ここで講演してみない？　今度私が担当で企画出さないといけないの」

「えっ、講演ですか。私がしていいんですか？」

講演にはぜひチャレンジしたいと思っていた。そういう意味では、若干うますぎる話のように思えて、一瞬信じられなかった。

「スゴイやん佐倉さん、私も聴きに行くワ」

「あ、私も行きたい」

中島彰子ちゃんと井上好ちゃんは、となりで勝手に盛り上がった。

「十二月にどうかしら。トランスジェンダーの視点から自由にしゃべってみて?」

「わかりました。じゃ、やってみます……」

こうして私の講演デビューが決まった。

講演デビューの聖夜

文化の秋と言うだけあって、十一月にはいろいろな催しも多い。大阪府立女性総合センター、愛称「ドーンセンター」の日ごろの利用団体による、いわば〝文化祭〟であるドーンフェスティバルもある。ジェンダーフリーな社会を目指して活動するグループもイベントを出しており、私はアートフルFやWINーLといったグループのイベントに顔を出し、名刺を交換したりした。

ある日私は一枚のチラシに「おっ!」と思った。来たる十一月二十日、大阪府箕面市で池田久美子さんの講演があるという。

これはぜひ行かねば!

私が池田久美子さんを最初に知ったのは、一九九八年七月二十四日付の朝日新聞のコラム記事であった。「レズビアン宣言を授業中にした高校教師」という小見出しに目を見張った記憶がある。同僚や生徒たちに同性愛者である自分をありのままに伝え、理解され、受け入れられて存在している姿に、私は感動し勇気づけられた。そのころはまだ、私のトランスジェンダーとしての基盤が固まる前だったので、なおさらである。いつか自分も女性として教壇に……、という希望が、そして野望も芽生えた。

池田久美子さんは今年に入って『先生のレズビアン宣言』（かもがわ出版　一九九九）という本を出版していた。書店で見つけた私は思わず買ってしまったのだが、読んでみてもなかなかの良書である。レズビアンとしての視点を中心に、性的マイノリティの諸問題がわかりやすくまとめられている。そんな久美子さんとぜひお近づきになって、同じ性的マイノリティとして意見を交換したい。本にもサインしてもらおう。私はさっそくチラシの番号に電話して、講演会への参加を申し込んだ。

ちなみに池田久美子さんは、私と同じ一九六四年生まれだという。また大阪府立大学の総合科学部卒業とのこと。それは私が高校三年生のとき密かに志望しながらも、成績のモングダイで担任からは難色を示され、大学入試センターが実施する共通一次試験の自己採点をもとにした模擬判定では［F］という不名誉な結果が出て断念したところである。もしも高校時代の私がもう少し受験勉強をがんばっていれば、私は久美子さんと大学で出会っていたかもしれないのであった。不思議な縁に親しみを感じつつ、当日はやってきた。

演壇に現れた池田久美子さんは、ごく普通のオバ……お姉さんであった（なにぶんにも同い年である）。世間一般には同性愛者に関する一種独特のイメージが流布しているが、それはあくまでも偏見である。久美子さん自身、かつて意を決してはじめてレズビアンの自助グループのミーティングに参加することになった際、「レズビアンらしい格好をして行かないと」と妙な気を遣い、普段はしないような真っ赤なタイトスカートにチェーンのベルト、靴はハイヒールといういでたちで行ったところ、会場に着いてみたらみんなジーンズにトレーナーなどといった服装で拍子抜けしたあげく、思い切り浮いてしまったという。自分に正直に生きようとレズビアンであることも肯定しようとしているグループの人たちなのだから、普通で自然な感じなのは、冷静に考えればむしろあたりまえである。久美子さんも今日は小ざっぱりとしたベージュ系のジャケットにパンツ姿であった。なお久美子さんが実年齢よりも若く見えるのはたしかで、性的マイノリティにはそういう人がけっこう多い。それがなぜかは、研究に値するテーマかもしれない。

講演は、さすが理科の先生だけあって生物学的な見地から性的マイノリティについて説明することに、かなりの時間が割かれていた。同時に前述したようなはじめてグループに顔を出した際のエピソードをはじめとするレズビアンならではの体験も、ユーモアを交えて語られた。レズビアンとトランスジェンダーでは問題の抱え方は微妙にちがっているはずなのだが、経験談に自分との共通項があって共感を覚えるところもひとつならずあった。

講演終了後、私は『先生のレズビアン宣言』を携えてサインを貰いに行った。

「スミマセン、私、佐倉智美と申しますが……」

「えっ、あの佐倉智美さん⁉」

いきなり「あの」などと言われると、何がどう「あの」なんだか、とツッコミたくなるところだが、つまるところ池田久美子さんも、私の『性同一性障害はオモシロイ』には関心を持っていてくれたのだろう。こうなると話は早い。やはり本も出しておくものである。名刺を交換し、しばし会話は弾む。

そこへ長髪の柔和な雰囲気の男性が近づいてきた。自分もトランスジェンダーで、京都の高校で教員をしているという。後に見違えるほどキュートになり、セクシュアルマイノリティ教員ネットワークのメンバーにもなり、各方面で活躍する土肥いつきさんであった。こうしてまた人脈は広がっていくのであった。

十二月に入り街のクリスマス気分の盛り上がりとともに、今度は私が講演する日も近づいてきた。誰も来ないなどという切ない事態を避けるべく、インターネット上の自分のサイトでは自らせっせと宣伝していた。むろん市立勤労者会館をはじめとする市内各施設にはチラシが置かれたし、市の広報紙でも告知された。

はたしてどれくらいの人が来てくれるのだろうか。レジュメを作成し、話す内容を吟味し、つかみのギャグのネタまで用意して、私は当日を迎えた。

講演タイトルは「性別を変えればわかること」で、チラシには「男女の両方を生きて感じる世の中のおかしさ‼」というキャッチコピーがついていた。内容は広く一般の人に向けたものを想定していたが、やはり性的マイノリティの本人自らが話をする機会ということで、同じ当事者の参加も予想された。

はたして勤労者会館に着いてみると、ピンク色のセーターを着て化粧直しをしている人が男子トイレの中にいるのが見えたりした。開演が迫ってくると、中島彰子ちゃんが「がんばってね〜」と声をかけてくる。ちなみに井上好ちゃんは年末で会社が忙しく、来られなくなってしまったらしい。

いよいよ時間となり、私は会場に案内された。緊張の一瞬である。定員四十人の会場はほぼ埋まっていた。先ほどのピンク色のセーターの人は最前列に陣取っていた。他にもトランスジェンダー当事者らしき人は何人か散見される。またそれ以外の人にあえて性別二元論的な分類をあてはめると、やはり女性のほうが圧倒的に多かった。男性も、じつは他人事ではなく自分の問題として、もっとジェンダー関連の話題に関心を持ったほうがよいと思うのだが。

こうして私は、性別を変えて生きるようになったいきさつやトランスジェンダーとしての体験、世の中の性別二元論の枠組みの不条理さ、ジェンダーのしがらみから自由になれば誰もがもっと自分らしく生きられるのではないか、というような内容を話した。二時間はあっという間に過ぎた。参加者の方々の関心は高く、後半の質疑応答でも質問者が途切れず、予定時間を延長するほどだった。若い女性からの好意的な反応には、私はつい鼻の下を伸ばしたりもした。ピンクのセーターの人は涙ながらに自分の半生を語り「ありがとうございました、佐倉さんに勇気づけられました」と締めくくられたので、私としてもうれしいかぎりであった。

終了後も参加者が三々五々私のところへ来て言葉を交わした。そのうちのまだ二十歳そこそこくらいの女性は半ば感涙しながら、ていねいに謝意を述べた。

「ありがとうございました。少し自分に自身が持てました。これからはもっと自分らしく生きていきたいです」

「そうですね。ぼちぼちがんばりましょう」

応えながら私は、ふとその女性に以前会ったことがあるような気がした。

「……えーと、前にどこかでお目にかかりましたっけ？」

「いいえ。初めてですけど……」

いや、そんなことはない、とは思ったが、そう答えられるとそれ以上追及することでもなかった。

心当たりに思い至ったのは帰宅後である。

「あっ、そうか」

もしかしてあの女性は、かつて教えていた塾の当時中学三年生だった生徒、上田靖江だったのではないだろうか。考えてみれば市の広報紙は市内全域に配られている。昔の知り合いや、自宅の近所の人が来たっておかしくはない。そんななかなかきわどい地元での初講演だったが、それでも私はやってよかったという手ごたえを感じていた。

こうして少しずつ話を聞いてくれた人が増えていけば、いつかきっと誰もが「性別」からもっと自由になれる……。

どこからか響いてくる讃美歌を聞きながら、私はそう思った。

千年紀の春、女どうしの友情

いろいろなことがあった一九九九年が暮れ、新しい年のお正月も無事にすめば、男女共同参画社会のための情報誌の編集のほうは大詰めを迎えていた。当初予定していた学校の密着取材が都合でできなくなったため、急遽企画を差し替えるなどの対応に追われたりもしたが、ともあれ原稿が印刷所に回れば、あとは校正をすませるのみである。この仕事に係わることができたのも私にとって有意義だったし、幸運だったと言えるだろう。

やがて三月の声を聞くころ、情報誌創刊号は晴れて完成した。そのことは数日後、四大新聞のひとつの地域面で取り上げられることにもなった。「市民から公募した女性三人が編集」という見出しの「女性三人」という部分に、事情を知る私たちはこれまた密かにウケた。

創刊号が完成して三人の市民編集委員はお役ご免となったのだが、すっかり仲良しになった三人のつながりまで終わってしまうとしたら残念だ。

「この機会に三人でゆっくり会いたいですね」

「あっソレいいねー」

井上好ちゃんの発案はもっともだったが、中島彰子ちゃんの出したアイデアには、私はいささか当惑した。

「そうや、温泉旅行にでも行けへん？」

「えっ、温泉!?」

温泉となると今の私は男湯・女湯のどちらに入ればいいのだろう。それに三人が同じ部屋に宿泊するのは問題ないのだろうか。こうした点は今後の課題であろう。彰子ちゃんはその点ノープロブレムだととらえて提案しているようだった。つまり私をまるっきり女性として考えていることになる。それについてはありがたくもうれしいことであった。

結局、好ちゃんの会社がこれまた年度末で忙しく、彰子ちゃんも四月から新たに新聞社でパート社員をすることになった関係で準備に追われ、三人で旅行に行く暇などなくなってしまった。ただ三月末のとある平日一日だけ、私と彰子ちゃん共に仕事がない日があった。せっかくなので、この際二人だけでも日帰りのドライブ旅行に出かけることになった。


当日は天気もよく、春の海を見るのに絶好ということで、私たちは和歌山方面をめざした。よくよく考えると戸籍上は不倫デートなのだが、いざドライブが始まると二人にそんな意識はまったくなかった。傍目《はため》にも単なる女友達どうしにしか見えなかっただろう。

和歌の浦や雑賀崎を回った後、加太海岸に着くと、まさしく海の色は春だった。窓を開けると潮の香りがなんとも言えない。彰子ちゃんの案内にしたがって、ワカメの巻き寿司を出すお店で昼食を取り、人形を供養することで知られる淡島神社にもお参りした。それぞれの家庭や好ちゃんへのお土産も買った。周辺を歩けば、小さな路地にも風情のある町並みである。

「なんか〝行者堂〟ってのがこっちちって標識出てるヨ」

「行ってみよっか」

数分後、私たちは後悔することになった。いつしか上り坂が石段となり、〝行者堂〟とやらは、まだまだそれをのぼった先のような様子である。

「ハヒー」

「トシを感じるネー」

ひとしきり息を切らした果てに、ようやく小高い丘の上に建つ〝行者堂〟に到達した。参拝をすませて振り向くと、しかし加太の町並みと海が見渡せた。風も心地よかった。

「わぁー、いい景色！」

「気持ちいいねー」

二人は思わずそこに座り込んだ。そのまま他愛のない話をしばらく続けた。そんな女どうしの友情を、西暦二〇〇〇年の春が包んでいた。

第3章　新世紀の挑戦

水着でプール！

二〇〇〇年四月以降は、塾講師を続ける日常の傍ら、ときおり原稿執筆や講演の依頼が入るといった生活パターンに落ち着きつつあった。池田久美子さんと共同で講師を務めることもあった。また六月に創刊したインターネットのメールマガジンも、それなりの反響であった。

ちなみに「西暦二〇〇〇年」というと、子どものころよく読んでいたSF小説に常々出てきた年代である。そんな「あのころの未来」が、もう「現在」になったというのは不思議な気持ちのするものである。むろん人々が銀ピカの服を着ているわけではないし、超高層ビルをつなぐチューブの中をエアカーが走り回っているわけでもない。しかし自分は今、女性として自己実現を図りつつある。未来はやはり、いつも可能性に満ちているのかもしれなかった。

そんな六月のある日、私は塾への出勤前の時間を近くのショッピングセンターで過ごしていた。特に目的もなくレディスファッションのフロアをうろついていたのだが、ふとひときわ華やかなコーナーで足が止まった。

夏ならではの特設コーナーであった。私ははからずも引き込まれてしまった。いくつかの水着を手にとって、鏡で合わせてみたりもした。

「……水着かぁ」

いいなぁ、こんなの着て、プールや海水浴に行ってみたいなぁ。

欲望は頭をもたげたが、しかし事はそうそう簡単ではない。水着のように露出度の高い格好では、あるべきところにあるべきものがなく、ないべきところにないはずのものがあることを隠すのが容易ではない。また着替えも問題である。水着への更衣はいったん着衣をすべて脱がなくてはならない。これらはきわめて困難な条件である。したがって水着に挑戦というこの課題は、平常は女性として問題のない外観となった今も未達成になっていた。

だが今は新たな課題に取り組むべき時期であるようにも思えた。今年こそ水着に挑戦すべきではないのか。

その夜、先日機種変更してメール対応になったばかりの携帯電話に着信があった。見れば中島彰子ちゃんからのメールである。

『今度、大阪市内の某一流有名ホテルの会員制プールの取材に行きます。いっしょに行かない？』

おぉっ、なんというタイミング！

中島彰子ちゃんは四月から四大新聞社のひとつで記者としてパート勤めをしていた。担当は夕刊のタウン情報コーナー。そのため街のいろいろなお店を訪問する今日この頃であるらしい。ホテルのプールもその一環なのだろう。モニター役として友人知人に同行してもらうことが必要なときもままあるらしかった。今回は私に白羽の矢が立ったということか。いつかはプールにも行きたいと、以前話していたのを覚えていてくれたのだろう。

こうなればもう彰子ちゃんの厚意に甘えるしかない。初めての水着挑戦に家族を巻き込むのはリスクが高いとも言えたので、その点でも彰子ちゃんからの誘いはうってつけであった。私はさっそく彰子ちゃんにメールの返信を送った。

翌日私は、再びショッピングセンターの水着コーナーを訪れた。昨日も手に取ったいくつかの水着を、あらためて見くらべる。コレもいいし、アレも素敵だ、こっちも捨てがたい。そんなふうに迷えば迷うほど、そのいずれかを着てプールサイドに立つ日が楽しみになってきた。決して若くてスタイルのよい女性ではないことはわかっている。それでも、そうしたかわいい水着を着た自分を、自分で好きになれそうな気がするのだ。

思えば男性として生きていたころは、プールや海水浴もあまりありがたくなかったものだ。どんな水着（というか海パン）を着たって、満足のいく自分にはなれない。そんな深い諦念に支配されていたのだ。

図々しくも何種類かを試着した末、私はもっとも気に入っていたピンク色を基調とした柄のタンキニ水着を購入することにした。下にはパレオ（スカート）も付属しているので、気になる股間もある程度は大丈夫である。タンキニならお腹は隠れるので、スタイルなども多少はカバーされるだろう。

私はさらに水着売場の一角で、水着の下に着用するサポーターを確保した。一般的には透けるのを防ぐために重要なアイテムとされているが、私の場合は股間の盛り上がりを押さえる効果を期待したのだ。同じ一角には、胸に入れるパッドも何種類か売られている。実際のところほとんどの女性はこれらを利用しているのだろう。水着の胸というのは、たしかに大切なチャームポイントだし、パッドの補助によって本人が満足のいくスタイルになれるのなら、それも悪いことではない。当然、私の場合は〝補助〟なんてものではなく、不可欠であったのは言うまでもない。

ちなみに、このプール行きと相前後して、普段の胸の作り方も私は改良を図っていた。従来はCカップのブラジャーに女装用品ショップで買ったパッドを詰めていたのだが、そのやり方はやはり傍目にはおどろおどろしいと思われた。今後は今回のプールや以前の体力テストのケースなど、女子更衣室で着替える機会も増えるだろうし、できればもう少し女性として自然な感じなのが好ましい。また女性であることを周囲にアピールするという目的では、ことさらに胸を大きくする必要もなくなってきていた。ちょっと近所のコンビニに行くくらいなら胸ナシのこともあるので、そのときとの差も大きくないほうがいいだろう。そんなわけで、新しい胸の作り方は、綿のスポーツブラに女性用の補助パッドを二つほど重ねて詰めるという方法になった。サイズはAカップくらいにダウンしたが、よく見れば変に巨乳よりもこのほうがよかった。

数日後、いよいよ某一流有名ホテルの会員制プールへ乗り込む日がやってきた。中島彰子ちゃんと梅田で待ち合わせて、お昼をいっしょに食べた後、ホテルのほうに移動した。

ホテルではまずは先方の広報担当者と彰子ちゃんとの間で、ひととおりの社交辞令や質疑応答があった。彰子ちゃんとしてもあくまでも仕事なので、遺漏のないように取材せねばなるまい。私は助手然として、実際にいくばくかの補助もおこなった。それがすむと「それではあとはプールのほうを自由にご堪能ください」ということになって、いよいよお楽しみの始まりである。彰子ちゃんの表情も、肩の荷がおりたものになっている。ロッカーのキーを受け取った私たちは、更衣室に向かった。

更衣室の中は、さすがに豪華であった。なにせ正規に入るには、莫大な会員料の必要なホテルの会員制プールである。シャワーだけでなく浴場やサウナも完備。帰り際にはすこぶる有用であろうドライヤーや整髪料などが使い放題の化粧台も並んでいる。

私たちはまずは水着に着替えることにした。ありがたいことに、この更衣室の中には着替え用の個室も備えられていた。これは今回のような豪華会員制プールでなくても、よくあるものらしい。ようするにパッドで胸を〝作る〟女性も多いので、ニーズは大きいのだろう。病気で乳房を切除した女性に対する配慮というのもあるかもしれない。何より私にはとてつもなくありがたい設備であった。このような個室の中で着替えられるのなら恐れるものは何もない。いちおう個室がない場合に備えてフレアスカートをはいてきてはいた（スカートをはいたままの状態で、その内部の着替えをすませてしまおうという意図。フレアスカートなのは、タイトスカートよりもそれがおこないやすいから）が、むろん個室の比ではない。

こうして水着への着替えはつつがなく完了し、私はついに無事にプールサイドの女性客となった。水着への着替えさえすんでしまえばこっちのものである。彰子ちゃんとともに暫時童心に帰れば、それはたしかに「女友達と行くプール」の楽しいひとときなのであった。

姉にカミングアウト!

こうして課題をひとつクリアした夏が過ぎ、十月も下旬になったとある日曜日、私は姉の家を訪ねていた。使っていないミシンを譲り受けるというのが公式の理由。しかしもうひとつ、重要な真の理由があった。懸案のカミングアウト。そろそろ時期が来たと感じられるこのごろであったのだ。

しかしテーブルを挟んで姉と対峙した私は、どう切り出したものかと、タイミングをつかみかねながら世間話を続けていた。テーブルの上のケーキと紅茶は、ますます話題をそらせていく。このまま話をできないまま帰るわけにももはやいかないし……。

そのときだった。私の携帯電話の着信音が鳴った。ちょうどその前日、私はとあるNPO主催のパネルディスカッションのパネリストを務めていた。在日韓国人、身体障害者、そして性的マイノリティの三人が、それぞれ〝カミングアウト〟を共通点に自分を語るという主旨の催しである。そのパネルディスカッションのコーディネイターだった人からの電話である。一夜明けた今日、反省点などを今後に生かすために、私の感想などを尋ねようと電話してきたという。催しは盛況で意義あるものだったので、私も気付いたことなどを二、三点述べつつ、よかったのではないかという方向で話をまとめた。

その間、約数分。電話がすんで、再び姉と対峙したとき、私は、もうこれしかないと思った。昨日のチラシを取り出し、テーブルに広げた。

「じつは昨日、こういう催しに出ててんけど…」

ゴクン。

私はさらに、チラシの一点を指さして続ける。

「…で、この〝佐倉智美〟ってのが、じつはワシやねん」

姉は一瞬、怪訝そうな顔をしながらチラシに見入った。私はさらに矢継ぎ早に、用意しておいた資料を次々と繰り出した。

季刊『仏教』50号をはじめとする私の原稿が載っている雑誌類。あの編集委員を務めた市の男女共同参画情報誌。そして著書『性同一性障害はオモシロイ』。

「…………というわけで、じつは最近、ワシ、女性として生活してんねん」

あぁー、ついに言っちゃった。

さて、姉の反応は。

「……ふーん」

若干の沈黙をはさんで言葉が続く。

「小さいとき、ワタシのお下がりばっかり着せたのがマズかったかなぁー」

……そ、そーゆーモンダイなのか!?

「あ、それやったら、余ってる冬物（の服）あるけど、持って帰る？」

いや、それはサイズとか好みとかあるし……。

「そや、会社によく化粧品屋さんがサンプル配りに来るから、もらっといたろか？」

……ちょっと待ったーっ、もう少し驚けーっ！

実際にはもう少し細かい話もないではなかったのだが、つまるところはこんなものであった。

さらに姉は、市の男女共同参画情報誌の裏表紙にある編集後記の写真を見て、こうも言う。

「こうして見ると、キミ、私に似てるなー」

たしかにそうであった。母似の私に対して、姉は父似と言われることも多かったものだが、この編集後記の写真をはじめ、最近の私を写真で見ると、姉によく似ていると感じることが多いというのは、興味深い現象である。

ともあれ、これも姉の好意的な感想なのだろう。こうして懸案の姉カミングアウトは、かくのごとくアッサリ終了してしまった。

まあある意味では、予想どおりの展開とも言えなくはない。ことさらに既成概念にとらわれることの少ない彼女とは、以前よりいろいろな話題において、奇抜な発想を交えていたものだ。また一時期「やおい本」などにも興味を持っていた彼女は、性的マイノリティを受け入れる素地も持っていたと言えるかもしれない。何より、小さいころからの私をよく知っているので、「女性として生きるほうがよいのだ」と言われれば、なるほどたしかにそうかもしれないと、納得できるものもあったにちがいない。

あらためて思い返すと、きょうだいとしての二人の関係性には、性別があまり関わっていなかったということにも気づく。結局、カミングアウト前後で、私と姉の関係は、ほとんど変わることがないまま、私はミシンをクルマに積み込んだ。

姉の家を出て帰途に就くと、車窓には秋の深まりを醸し出す田園風景が流れていく。午後の日差しの中で、なぜかそれは、妙に心に染みる色をしていた。

さらば秘密基地！

そうこうするうちに時ははや二〇〇一年春にまでなった。

ここへ来て、私はいよいよ〝秘密基地〟の廃止に踏み切ることに決めた。今後は、自宅の一室に事務所機能を移して、そこを日々の生活とともに、各種〝佐倉智美活動〟の拠点とするのだ。

理由はおおむね前回の［移転］の際と重なるところが多い。

まずは、家賃の問題。［移転］前の初代〝秘密基地〟に比べれば、たしかに割安だったのだが、それでもコンスタントに毎月数万円の出費になることにはかわりない。一方塾講師バイトの開始によって、収入のほうも毎月コンスタントにそれなりの給料が得られるようになった。そしてそうなると逆に赤字が気になってしまうのだ。

無収入だと、どんなにがんばっても赤字になるのは避けられない。「入り」がなくて「出」ばっかりなのだから当然である。だから赤字ということに逆に寛容になってしまう。ところが少ない額であっても毎月収入があるとなれば、うまくやりくりすれば黒字だって可能になる。そこを赤字にしてしまうのは、やりくりがうまくいかなかった結果であってすこぶる残念。そして、そのやりくりと黒字の最大の障害が、やはり家賃だった。家賃さえなければ、今月も黒字だったはず!! ということが続けば、じゃぁ家賃をなくそう、というのも自然な流れである。

第二に〝秘密基地〟と自宅の二重生活が物理的に負担になってきたということがある。

これも初代〝秘密基地〟に比べれば、自宅から十五分程度なので、近いと言えば近いのだが、それでも分かれていることに変わりはない。特に子どもが生まれてからは、やはりその関係で自宅にいなければならない時間も増える。一方で、執筆や講演の仕事の関係で〝秘密基地〟にいたい時間も増えている。これはジレンマである。おまけにそんな合間に、塾講師バイトへも出勤しなければならない。こうなると、拠点を一元化するほうが都合がいい。

さらに、自宅とは別の場所に〝秘密基地〟を設ける必要度自体が下がってきているというのもあった。

上述したように、子どもとの関わりで自宅にいる時間が増え、また塾にも出勤するとなると、〝秘密基地〟にいる時間は絶対的に目減りする。あわてて〝秘密基地〟まで行き、手早く着替えと化粧をして急いで塾へ出勤。結局その日は小一時間ほどしか〝秘密基地〟にいなかった、なんてことも増えてきた。

また、当初は塾勤務の帰りはいったん〝秘密基地〟に戻り、化粧を落として着替えてから自宅に帰っていたのだが、だんだん面倒くさくなって、化粧落としはクルマの中でウェットティッシュで顔を拭くだけで済ませたりして、そのまま自宅に帰るようになった。逆に自宅からそのまま塾へ出勤するのも、今の私にはやってみれば可能である。こうなると〝秘密基地〟の存在意義って何だろう⁇　ということになる。

「妻カミングアウト」が済んでいる私にとって、かつての最大の理由であった〝女装〟は、今や意味を失っている。むしろ服の置き場や洗濯をする場所を一元化するほうが便利である。要は、集中して執筆に取り組める仕事部屋を自宅に確保すれば、もはやそれでいいわけなのだ。幸いにも、将来の子ども部屋用に一室空いている。

かくして、〝秘密基地〟廃止は決行されることになった。

まずはNTTの固定電話を、自宅に移す工事をしてもらった。次いで不要になる〝秘密基地〟の洗濯機などを、リサイクルショップに引き取らせた。あとは、もう引っ越し業者に頼むのももったいないので、自分で何回かに分けてクルマで荷物（大きく分けて［執筆・講演関係の資料］と［女物の服］の2系統）を自宅に運んだ。荷物の整理はなかなか大変だったが、今まで二つに分かれていて非効率だったところもすっきりし、いろいろな資料も系統だててまとめなおすことができ機能的になった。あとは郵便局でハガキを買って、関係各方面に住所変更のお知らせをすれば完成である。

まあ、これから女性としての生活がますます普通になっていくとしたら、それを自宅のみでするほうがつじつまも合っている。これもまた新しい段階なのかもしれなかった。

もちろん不便もある。

じつはこの〝秘密基地〟廃止に合わせて、父カミングアウトも実行するというプランがあったのだが、諸般の事情のため、実施は延期になってしまっている。

二世帯住宅に半同居している父とは、出かけるときには顔を合わせたりもするので、現在のところ、胸の目立つ服のときには上に一枚シャツを羽織ったり、スカートの日には下にもズボンを重ねばきして出発し、途中クルマの中で脱ぐなんて対策をとっている。コレはめっぽう不便というか、面倒である。

もっとも父も、うすうすは「何かオカシイ」と思っている可能性はすこぶる高い。それをあえて深く追及しないでいてくれているというのが真相かもしれない。

〝秘密基地〟の機能としては、もうひとつ、「佐倉智美」様宛の郵便物などを受け取るというものがあったのだが、これは今後は自宅で受け取るしかない。そこで自宅の表札の下に『佐倉』の補助表札を出すことになる。また郵便物は、父が郵便受けから取り出して分配してくれることも多い。

そのため、父に「佐倉智美」という名前だけはカミングアウトする必要があった。私は、今までに「佐倉智美」様宛で受け取った郵便物の中から、毎日新聞や四日市大学など、なるだけ権威のありそうな（?）差出人のものを選んで父に見せながら、最近はこういうペンネームでも仕事していて、これから自宅にもこの名前宛に郵便などが来る旨を伝えた。

「『智美』ぃ!?　えらい女っぽいペンネームなやぁ……」

そう言われるであろう覚悟はしていた。いちおう釈明のための想定問答集も頭の中に作っていた。ところが予想を裏切って、父はあっさりしていた。

「あぁそう」

「…………………」

ここはこの父の反応に甘えるしかなかった。

めざせセンター職員！

そんな二〇〇一年の春を控えたある日、中島彰子ちゃんから情報がもたらされた。

「市立勤労者会館の男女共同参画センターが、今度スタッフを募集するらしいって知ってた？」

「えっ、ホントに⁉」

なんでも彰子ちゃんは新聞社の契約期間が切れるのに合わせて、新しい仕事を探していたらしい。

「しかし、この不況のご時勢に景気のいい話やなぁ」

「うーん、どっちかっていうと……」

聞けば、四月から正職員を減らして、センタースタッフを全員パート勤務に置き換えるというのが真相らしい。どこの自治体でも、一九九九年の男女共同参画社会基本法成立以来、男女共同参画センターのような施設の設置はさかんだが、その中身はおざなりなことも少なくないと聞く。ようするに箱モノ行政から、いまひとつ抜け出せていないのではないだろうか。

しかし逆に私は、それなら自分もやってみようかと思った。非常勤職員なら、いちおうは本業であるライターとしての活動と両立できるだろうし、うまくいけば塾の仕事ともかけもち可能だろう。

収入的にも安定感が増す。そしてなにより、男女共同参画センター職員という仕事は、一度やってみたいものでもあった。自分がトランスジェンダーであることも、そこでは生かせるにちがいない。市立勤労者会館のセンターなら、かつての情報誌編集委員の仕事を通じてなじみもある。

さらにもうひとつヨコシマな理由を加えると、春という季節に新生活を始めてみたいという願望もあった。塾の生徒たちも、四月になれば進級・進学していく。その点このところの私は変化のない春が続いていた。大人ならそんなものだとも思えたが、何かが足りないような気がしていたのだ。

彰子ちゃんも私も、ほどなく募集要項を手に入れ応募することになった。書類選考用の小論文は、我ながらなかなかうまくまとめられたように思えた。

「男女共同参画社会づくりに向けて私はこんなことがしたい」

『男女共同参画社会』。その具体的なビジョンは未確立かもしれない。しかし、ひとつ言えるのは、現在の世の中が「女だ」「男だ」と、必要以上に性別にとらわれていること、これを改めていくことは不可欠だということではないだろうか。たしかに女と男では、身体的な特徴がちょっとだけちがう。でも、そこにさまざまな性別役割が付随することなく、例えば血液型のような、特段意識されることのない〝単なるちがい〟でしかないものになっていけば、そもそも男女共同参画なんて大げさに構える必要もなくなるにちがいない。

女というジェンダー。男というジェンダー。私はその両方を体験したことがあるのだが、そんな経験を生かせば、世の中で過剰に意識されているジェンダーの壁を越えていくための情報発信ができるのではないかと思う。特に私は次の2点に力を入れたい。

ひとつはメディアリテラシー。テレビをはじめとして、各種マスメディアの影響力は大きく、そこに含まれる「男」「女」、そしてそれぞれの「らしさ」の表現は、知らず知らず私たちに性別二分法を刷り込んでいる。そんな陥穽を見抜き、迷わされずに自分らしさを保つスキルを、各自が身につけられるような情報整備や、講座の実施をしてみたい。

もうひとつはセクシュアリティである。日本の性教育はまだまだ一面的で、かたやポルノによる誤った知識は氾濫している。そんな、性をめぐる正しい情報があまりにも少ない中で、〝どんな人と恋愛し、どんなセックスを通じて幸福を感じるのか〟といったテーマはずっと避けられてきた。しかし、これはリプロダクティブ・ライツ*の重要な要素であり、性にまつわる人権の核心でもある。同性愛・性同一性障害や、その他従来は異常とされてきたようなものに悩む人までをも対象に取り込んだ、幅の広いセクシュアリティに関するサポートができるなら意義深いと思う。

*リプロダクティブ・ライツ：女性が自分の性行動、出産などについて主体的に決定する権利

小論文が評価されたのかどうかは不明だが、書類選考は合格し、三月初旬には面接があった。たまたま先日、今後の冠婚葬祭などなどに必要かもしれないと購入していた女物のグレーのスーツが、さっそく役に立つ日を迎えた。面接の部屋に入ってみると、なんのことはない、面接官はほとんど情報誌編集の仕事以来の顔なじみである。もっとも、それはお互いにかえってやりにくかったよう

な気もする。

ちなみに今回は完全に「佐倉智美」として応募していた。情報誌編集のときにカミングアウトしているので、隠しようもないし、隠す動機もない。

はたして一週間ほどして判明した結果は、残念ながら不採用。代わりにというわけでもないだろうが、中島彰子ちゃんは合格・採用となった。後から考えると、連絡・調整などの事務も多いセンタースタッフは、あまり私に向いていない面も多かったので、ちょうどよかったかもしれない。

しかし五月に、今度はとなりの市で同じような募集があったので、私は懲りずに応募した。大胆不敵にも小論文は同じものを使い回した。結果は上位六人を採用するうちの七位。見事な次点ぶりである。

ともあれ、その後いずれの市からも、このとき合格・採用されたスタッフの人たちが企画した講演会へ、講師としての依頼が来たので、世の中はうまくできているというべきであろう。

恩師にカミングアウト！

インターネットのメールマガジンで連載を始めた自伝的ノンフィクション『女が少年だったころ』シリーズは、幼少編が過ぎた後、中学時代のエピソードを描き、二〇〇一年の春からは高校編に入っていた（これらは順次書籍化されています。『女が少年だったころ』二〇〇二　作品社。『女子高生になれなかった少年』二〇〇三　青弓社。本書もその続編と言えます）。

幼少編は、さすがに相当昔のことだし、基本的に何を書いてももう時効という気楽さがあった。しかし思春期以降のこととなると、内容もけっこう立ち入ったものになるし、やはりプライバシーなどに気をつかう。いちおう固有名詞は仮名にするなど、対策は講じているものの、ジェンダーやセクシュアリティがからむ話だけにデリケートであることに変わりはない。

ここはひとつ、しかるべきところには話を通しておいたほうがよいだろう。

かくして私は、恩師カミングアウトに踏み切ることにした。メールマガジンに登場する先生方への出演のお断わりと取材を兼ねて母校を歴訪するのだ。

まず最初のターゲットとなったのが、私が中学卒業後に一年間通った情報通信工科大学付属高校の一年二組時代の担任、神田信康先生。実質男子校だったこの学校にどうしてもなじめずに、翌春大阪府立岩船高校に入学し直したのは、先に述べたとおりである。

じつはこの先生はインターネット上にとあるサイトを開設していて、かつて私が最初に自分のサイトをオープンした際、リンクさせてもらったりもしていた。そのときは「はじめまして」。私は佐倉智美と申しまして……」と、以前の教え子であることにはまったくふれずにメールを出していたのだが、サイトを隅々までよく読めば、そのことに気づかれる可能性もないではない。はたしてバレているかどうか。

とりあえず私は、今度は「ごぶさたしています。一九八〇年度の一年二組でお世話になりました小川真彦です。いちど近況の報告などにお伺いしたいのですが……」という感じでメールを送った。

神田信康先生はけっこう生徒から慕われていて、卒業生が遊びに来ることもしょっちゅうだった。私も一年間担任してもらっただけで、その後学校自体をやめてしまったのに、しばらくはそんな卒業生のごとく、ときどき訪問していたものだ。

数日後、メールの返事が来た。

「……ぜひお会いしたいですね。今年は私は保健室の担当をしているので、役に立つ話が聞けるかなと、楽しみにしています」

…………なんで私と話すのが、保健室の仕事に役に立つねん!?

当然の疑問を順当に推理すると、これは佐倉智美さんであるところの小川真彦クンの生の声を聞くことで、性同一性障害予備軍の在校生の指導に有益なものが得られる、という意味だと解釈できる。なんてったって保健室である。やはり神田信康先生は、佐倉智美＝小川真彦だと、すでに気がついているのか⁇

私は約束の日の放課後、久しぶりとなる情報通信工科大学付属高校の門をくぐった。駅からの道すがらも含めて、なんだか懐かしい気分である。私立のこの学校には、門の横に守衛さんがいる。そこで受付をしてもらおうとした途端、向こうから神田信康先生の声がした。

「おおー！　小川ぁ、よー来たナー。どっちの格好かなと思っとってんけど、やっぱりそっちかぁ！」

私はもちろん、元男子生徒の格好ではなく、今ではどこへ行くにも女性の姿である。特にこんなカミングアウトのときなどは、普段よりも気合いを入れて化粧しているし、服も女性としての生活がハンパでないことを相手にわかりやすくするために、ボトムをスカートにするようにしている。

……ってことは、やっぱりすでにバレてたということか！

聞けば、最初のメールでは「佐倉智美さん」が私だとは、ついぞ思い及ばなかったらしいのだが、あるときホームページを見ていて、ハタと気がついたのだという。そのときは、やはり相当な驚きがあったらしいのだが、それもすでにかなり前。それで一度こうして会ってみたいと思っていたところらしい。保健室で仕事をしていると、いわゆる男らしくないことで悩んでいる男子生徒とも、ひとりならず接する機会があるという。

担任してもらってから、はや二十一年が経過していたのだが、あいかわらず〝神田節〟は健在で、私も当時が昨日のことのように思い出される。ひとしきりしゃべった後、校内を案内してもらい、往時の教科担任の先生にも会わせてもらった。どの先生も、「まぁそんなこともあるか」という感じで受け止めてはくれるのだが、やはり、まずは一様に驚かれる。長年教師生活を送っていれば、「教え子がニューハーフになった」なんて話はありそうなものだが、もしかして、こういう恩師カミングアウトをする人は、少ないのだろうか？

ともあれ、女性の姿で母校を卒業生として訪問しても、それだけでいきなり驚かれたりしないのは、やはり情報通信工科大学付属高校が名目だけでも共学校であるおかげである。これから進学先を選んでいく人で性同一性障害の可能性を自覚している場合は、できるだけ女子校男子校は避けたほうが無難だろう。ちなみに情報通信工科大学付属高校でも、近年は依然少数派ではあるものの女子生徒の割合も増えて、雰囲気も変わってきたという。私も現在ならこの学校でまだしもやっていけたかもしれない。
というわけで、最初の恩師カミングアウトは無事終了した。

二番目は、もちろん大阪府立岩船高校でお世話になった先生の中から、特に三年生のときにいろいろクラスの世話を焼いてくれ、後には教育実習で私の担当教官もしてもらった安川隆之先生。安川隆之先生は現在、大阪府立の別の高校に勤めている。余談だが、現在の私のとある知り合いの娘さんが、じつはその高校の在校生で、安川隆之先生にも教わっているということなので、世間というのは案外せまいものである。私はまたEメールでアポをとった上で、その高校の放課後を訪れた。

進路指導担当の安川隆之先生は忙しいらしい。進路指導室にて、約束の時間から待つこと数分。私が待っているので、他の先生が放送で呼び出してくれたりもしてさらに数分。ようやく安川隆之先生が進路指導室に戻ってきた。

「お久しぶりです。小川でーす」

「!!…………………。な、なんや小川っ、そっソノ格好は!? ま、ま、まぁ座れや」

これこれ、このリアクション。これがカミングアウトの醍醐味（?）である。

私はおもむろに用意してきた各種資料（姉へのカミングアウトのときとほぼ同様である）を取り出して説明を始めた。

「そーかぁー……」

やはり教え子がニューハーフになったというような話は、かつてないらしい。

ひとしきり話が一巡した後、私は前から気になっていたことを相談してみた。卒業生の活躍を、同窓会組織が会報にとりあげたりするというのはよくあることだが、はたして私が『性同一性障害はオモシロイ』を出版したことなどは、岩船高校同窓会的にはどうなのだろうか。安川隆之先生は岩船高校の卒業生でもあることから、岩船高校同窓会組織の役員をしてもいるのだ。

「もっと堅い内容の本なら、母校としても名誉なことでしょうが、コレって、もしかしたら迷惑ってこともあるかなと……」

という不安が、個人情報保護とあいまって、私は『性同一性障害はオモシロイ』の奥付などでは、出身高校を「大阪府立の高校」としかしていない。

「いや、そんなことはないやろ。ちゃんとした本やし、オマエももうそれで堂々と生きてるんやから、別にかまへんのとちゃうかなー」

そう言う安川隆之先生は、この件を次の役員会で諮《はか》ってくれるという。

「んーこの際会報に、オマエ、本人が一筆書くか」

「あ、はい、いいですけど」

書くのはもちろん苦ではない。

「あぁ、そうそう、今あいつも役員してるし」

なんでもかつてのクラスメート・畑山尚之が、今では岩船高校の体育の先生になっていて、同窓会の役員もしているという。

「えっ、そーなんですか」

人生はなかなか奇縁に満ちている。

それに、もしも同窓会組織の会報に掲載なんてことになれば、これはまた大規模なカミングアウトになる。そろそろそんな時期かもしれないし、それもまたオモシロイかなぁと思うのであった。

さて学校が夏休みの時期に入る前に、もう一件、ぜひカミングアウトしておきたかったのが、大学時代のゼミの恩師・井口博臣教授。

ところが電話してみるとなかなか忙しいらしく、また大学教授ともなると各方面からいろいろ面倒な依頼もよくあるらしい。私の用件も、どうもその系統だと誤解されたらしく、うまくアポがとれなかった。

しょうがない。これは今後の懸案として残しておくしかあるまい。大学の同窓会組織についても、機が熟するのを今しばらく待つことにしよう。

親子三人温泉旅行！

そうこうするうちに、二〇〇一年にも夏がやってきた。プールには去年行ったので、今年はぜひ海水浴に挑戦してみたいものである。また、それと同系列の課題として、公衆浴場で女湯に入るというのも懸案事項になってきていた。

それに浴衣《ゆかた》である。かつては通信販売は女物の服を買うのになくてはならないものだったが、昨今はすっかりごぶさたになっていた。実際に店舗へ出かけておこなうショッピングが、女性としてならすこぶる楽しいのに、強いて通信販売を利用する動機はもはやなかったのだ。が、先日たまたま、律儀に届けられ続けているカタログで、はからずもお買い得の浴衣セットを見つけて、これまたこの夏の課題だとばかりに、薄紅色のかわいいのを購入してあった。これはぜひとも着て歩いてみる機会がほしい。

この三つの課題を手っ取り早くクリアするには、方法はひとつしかない。そう、温泉旅行に行くのだ！　せっかくなのでこの際、親子三人の家族旅行がいい。娘の満咲もはや二歳なので、少々の遠出はOKだろう。

「この夏は、ちょっと温泉旅行でもどう？」

私は相方に打診してみた。

「うーん、安かったら」

さすが、わが家の財政事情をふまえた意見である。しかし旅行社のパンフレットを集めて調べてみると、長引く不況にともなうデフレ時代だけあって、温泉宿泊プランにも激安ツアーが目白押しであった。特に安いのは、宿泊日が七月中旬（つまり夏休みが始まる直前）で平日の場合。しかも旅館によっては、乳幼児は無料というケースも少なくなかった。

協議の結果、二泊三日で北陸方面へ出かけることに決まった。大人一人八千円ポッキリという激安宿泊プランがあったので、これを一泊目に利用し、さらにもう一泊、金沢市内のビジネスホテルをインターネットで予約した。一日目は越前海岸をドライブして東尋坊などを観光後、山代温泉泊。そこで浴衣で温泉街を散歩&女湯挑戦。二日目の日中には海水浴を楽しみ、夕方に金沢入りして、これまた浴衣で散歩という計画であった。

当日は天気もよく、絶好の夏日和になった。北陸自動車道を敦賀で降りると、国道305号線は快適な海沿いの道である。青い日本海の色も、この季節は初夏や秋にくらべると微妙に趣がちがう。東尋坊をひととおり散策すれば、満咲はみやげ物屋の店頭のキャラクター商品に目ざとかった。

「あっ、アンパンマン。こっちはミッピーちゃん、かわいーっ！　ミサちゃんの浮き輪もミッピーちゃんやで」

しかも、よくしゃべる。そのへんはさすが女の子である、と言っていいのかどうかはわからないが。ちなみに「ミッピーちゃん」とはディック・ブルーナのうさぎのキャラクター「ミッフィー」のことである。

「写真、撮っとく？」

「じゃ、あの人たちにシャッター頼もっか」

ちょうど私たちと同じような親子連れが近くにいた。夏休み前の平日だったため、団体客などがほとんどの中で、親子連れどうしなら頼みやすくもある。

「すみませーん、シャッター押してもらえますでしょうか」

「はいはい」

「ありがとうございまーす」

しかし、撮ってもらってからハタと気づいた。父親と母親に幼い子どもというグループ構成は、私たちの主観では「私たちと同じような親子連れ」である。が、向こうにしてみれば、ぜんぜんそうではなかった。なにせこっちは女二人に子どもなのだ。傍目には謎のグループだったにちがいない。

もっとも、いちおうの「設定」は塾の仕事の関係者に説明するのに必要なこともあって、以前から作ってあった。満咲の父親という〝架空の男性〟は私の弟で、私はその姉、つまり満咲の伯母という想定である。だから今回は伯母が仲のよい弟嫁とその子どもといっしょに旅行中というわけだ。山代温泉の旅館に着くと、担当の仲居さんからも我々三人の関係について素朴な疑問が呈せられたので、この設定に基づいて説明すると、「いいですねー、お母さんに加えて、こんな仲のいい伯母さんがいるなんて」といった反応が返ってきた。満咲はニコニコと笑顔で応じていた。

ちなみに写真では、小柄な我が相方はまるで満咲の従兄弟のお姉さんのように写ってしまい、どう見ても私のほうがお母さんなのであった。

私たちは、まずは持ってきた自前の浴衣に着替えて、周辺を散策することにした。浴衣の着付けは、相方に多少の心得があったので、ここはもっぱら頼ることになった。親子三人（ただし傍目には母・伯母・子）浴衣姿で歩くと、なかなかの注目の的でもある。山代温泉が思ったほど温泉街らしいひなびた雰囲気ではなかったのを除くと、まずは所期の目的をひとつ達したと言っていいだろう。なお、浴衣は着付けがやはり大変（相方に負担がかかりすぎる）なのと、父の目もあり自宅からでは着て出かけられない（洋服のスカートのように上からはいたズボンをクルマの中で脱ぐというわけにもいかない）ため、このとき以降はなかなか着る機会はめぐってこないことになる。

旅館に戻って、旅館備え付けの普通の浴衣に着替え直すと、いよいよ本日のメインイベント、大浴場・女湯に挑戦である。

いちおうの作戦は練ってあった。女性として不自然な体毛はあらかじめ除毛。そして水着用のサポーターを着用し、さらにテレビの温泉番組よろしくバスタオルを巻いて入るのだ。浴衣の上からバスタオルを羽織り、そのまま浴衣を脱いで、手早くバスタオルを巻けば脱衣所もＯＫだろう。ただし後日他のトランスジェンダー仲間から聞いた話では、このバスタオルを巻くという方法はかえって目立つため、あまりオススメではないそうである。むしろ普通のタオルで軽く前を隠すくらいのほうが自然とのことだ。ペニスをスポーツ用品店などで売っているテーピング用のテープで押さえるという方法もあるらしい。

胸が平らなのは気にしない。毅然としていれば、特に問題となることはないだろう。とはいえ、あるていど女性らしい立居振る舞いが身についていて、身体から女性らしい雰囲気が出るようになっていることは、社会の現状ではどうしても必須かもしれない。さらにもうひとつ望ましい条件は、同行の女性といっしょに入ることである。でないと何かあったときがやはり心配である。同行者が数人もいれば「女性グループ」としか認識されなくなり、いっそう心強いと思われる。

私たちはいよいよ女湯の暖簾《のれん》をくぐった。こっそり〝女装〟をはじめたころ以来、トイレ、更衣室など、幾多の「女性の側」を我がものにしてきた私にとって最後に残された未到の聖域が、ついに制覇される瞬間である。

入ってみると脱衣所は、体育館やプールの更衣室とくらべて、さしたる目新しいところはなかった。しかも周到に準備を整えたわりには、この日のこの旅館はどうも女性客が私たちだけらしく、女湯は貸し切り状態であった。なにせいちばん料金の安かった閑散期である。チェックイン時のロビーの様子から推察しても、私たちのほかはオジサンが十人ばかりの団体がいるのみのようであった。私は多少拍子抜けして、温泉に浸かった。

激安料金とはいえ料理はちゃんとしたものが出た夕食後、私と相方は大浴場について論評した。

「なんかちょっとショボかったよね」

「うん、露天風呂も異様に狭かったし。アレで〝大浴場〟を名乗るのはちょっと詐欺やなぁ」

おそらく山代温泉は、かつての会社系団体客主体の経営から未だ脱け出せきれていないのだろう。すなわちすべて男性客中心で発想されているのだ。部屋の洗面所のアメニティ類を見ても、それは明らかだった。ここはひとつ今後の改革に期待したいところである。

「きっと男湯のほうは、もっと広くていい感じなんやで。ほら、パンフレットのこの写真」

「よし、今から男湯に入ってきてみる！」

さっきとは逆に、前を隠さず堂々と入れば文句はあるまい。

いったんはそうも考えたが、足の爪に真っピンクのペディキュアをしているのを思い出してやめることにした。深夜から早朝にかけての時間帯は男湯と女湯が入れ代わるそうなので、まずは寝た後、翌朝早起きすることにした。

私が目を覚ましたとき、先に早起きした相方は、すでに湯上がりであった。

「どうやった？」

「やっぱちがうわ〜」

満咲がまだ眠っている間に、私も〝真の大浴場〟を体験することにした。早朝だし、実質貸し切りであることもわかっていたので、ひとりでも大丈夫だろう。私は昨日よりもリラックスして、脱衣所に入った。やはり広い。露天風呂も開放感があって、植木の配置もよく、とても気持ちいい。

それでも私は、万一に備えて、バスタオルをしっかり巻いていた。そのせいでよけいに女性っぽい身のこなしになる。いや、私はそもそも女性なのだ。たとえどんな状況でも。裸であっても、その身体にペニスを有していようとも……。

裸。温泉。それでも自分が女性として存在できることに、私はまたひとつ、充実感をかみしめるのであった。

この日は海水浴も実行した。更衣室はさすがにホテルの会員制プールのようにはいかず、貨物コンテナを改造した簡易なものしかなかったが、なんとかしのいだ。満咲ははじめての海に大喜びだった。

夕刻は、再び浴衣に着替えて、金沢の武家屋敷街などを散歩した。こうして夏の家族旅行は過ぎていった。

肉体改造の朝！

二〇〇一年も秋になったある日の朝、私はひとつの決意とともに目覚めた。今日こそ、今日こそ……。

キヨウコソ、ビヨウインデ、アタラシイジブンニナツテヤル!!

私はおもむろに電話を手にした。

「もしもし、佐倉理美ですが、今日の午後空いてますでしょうか？」

「承りました、どうぞお越しください」

身仕度をすませて家を出た私が、やがて到着すると、まずは簡単な問診と現状のチェックがおこなわれた。施術可能な内容と、その効果や費用も説明される。いちばん上級の施術はやはり二万円ほどかかるようだ。ばかにならない出費である。むろんその分、効果も高いという。どのくらいの期間、効果が持続するかによっても、コストパフォーマンスはちがってくる……。

「一度したところは半永久的に大丈夫なんですよ。だから伸びてくる分の具合にもよりますけど、人によっては次にされるまで一年以上の方もいらっしゃいますヨ」

「……わかりました。じゃぁその〝縮毛矯正〟コースで」

「ありがとうございます！」

こうして私は、いつもの美容院でストレートパーマをあてることになった。施術は四時間ばかり要したが、美容院自体はすでに何度も経験ずみだったので、さしたる問題はもはやなかった。縮毛矯正が進むにしたがって私は感動した。

ま、まっすぐだぁー！

思えば、幼いころは男の子だからと有無を言わさず短く刈り上げられ、思春期以降はくせ毛になってしまったために、望む髪型が得られたことはほとんどない。それが今、ついに憧れのストレートヘアに変わろうとしている！ 高校二年生のときにもストレートパーマをかけてみたものの、当時のものは効果が乏しく、髪の傷みも激しかった。しかし今回の〝縮毛矯正〟は髪質自体が改善され、まさにさらさらツルツルのストレートが実現している。

美容院を出た私は、ご満悦で秋晴れの下を歩いた。身体的になりたい自分になれたという感覚は、この喜びのことを言うのであろう。あぁ！ 自分が「こうありたい自分」でいられるというのは、なんとすばらしいのであろうか。もちろん今回は単に髪の毛に関してのことであったが。

でも、たかが髪の毛と言ってはいけない。髪型は人の印象を大きく左右する、すこぶる大切なファクターである。それはむしろ普段は衣服に隠れている（というより隠さないと犯罪になる）性器などよりも、その人が他者からどういうふうに見られるかという点では、より重要だと言えるかもしれない。そういう意味では、性別適合手術がいろいろな意味で特別なものとなるのは、本当は好ましくないことだと私は考える。しかしこのときの私は、さしあたり、肉体改造をする人の気持ちが少しわかったような気がした。

翌日、塾に出勤すると、私のヘアスタイルはさっそく皆の話題になった。

「まぁ佐倉先生！　すごいイメチェンね」

塾長の工藤頼子先生が口火を切ると、他の先生方も口々に声をかけてくる。

「うぅーん、若いっ！」

いや、実際ストレートになってみると、今までよりもどこか若々しく見えるような気はしていた。

生徒たちも小学校高学年から中学生の女子を中心に（なぜ女子が中心なのかは、研究に値するテーマかもしれない）、すこぶるかしましかった。

「あっ先生、ストレートあてたん⁉」

「わぁ、カワイィーっ‼」

「どこの美容院？」

美容院に行った翌日、髪のことで周囲の話題を独占する。そんな体験を生まれてはじめてしつつ、私は積年の欲求不満がひとつ晴れたような気がしていた。

第4章　佐倉先生の謎

佐倉先生は独身？

一九九九年より勤務しはじめた塾講師のバイトは、二〇〇一年になっても続いていた。当初、男だとバレていつクビになるかなどと言っていたわりには、思いのほか長続きしていることになる。塾、それも個別指導式の塾で教えるという仕事内容が自分に合っていたし、スタッフが女性ばかりという教室の雰囲気も居心地がよかった。

そんな好条件に支えられていたものの、やはり私生活を完全にオープンにできないのは苦しいところだった。工藤頼子先生や他の先生方と雑談をする際にも、話題が家庭のことになると、できるだけ避けるようにしなければならない。年齢的には既婚で子持ちの主婦に相当するし、現に同年代の先生はだいたいそうであった。しかし子どもや配偶者のことなど、むろん真実を気がねなくしゃべったりはできない。そのあたりに関して、「佐倉先生にはどうも謎が多い」と思われていたフシはなきにしもあらずである。

生徒たちにとっても、先生のプライベートというものは大いなる関心事である。池田久美子さんも『先生のレズビアン宣言』の中で、生徒は先生の生き方みたいなものに関心を寄せ、その先生の教科書以外の部分から多くを学ぶのではないかという趣旨のことを述べている。それゆえ久美子さんも、学校でのカミングアウト以前は、自分を前面に出した教育活動ができずに悶々としていたという。私もすべてを告げた上で生徒たちと接することができれば、大いに意義のあることだと思うものの、さしあたり現状では、それは今後の課題であった。

しかし生徒のほうは、そうそう簡単には許してくれない。折にふれてさまざまな質問を無邪気にも発してくる。ある日も小学校高学年の女子生徒のひとりは、算数の指導中にいきなり聞いてきた。

「なぁ、佐倉先生って、カレシいるん？」

「え、カ、カレシ……」

脈絡なくそんな話題になって、私は当惑した。

「え、どうなん、おるん？」

そのとなりの女子生徒も身を乗り出してきた。

「いや……、まぁアレやな。人生そりゃいろいろあるワ」

〝じつは妻子ある身〟としては、ここは逃げ切るしかない。

思えば、大学を出て高校の講師をはじめたころも、「先生、カノジョおるん？」としょっちゅう聞かれたものである。その当時は答えが「いない」であることが多く、ほどほどに正直に答えたりもしていた。ただ、高校講師も数年目に入ると、いつのまにか生徒たちの口にする質問の文言が「先生、結婚してるん?」に変わっていて、はからずもトシを感じる瞬間だった。

……………………。

その流れで行くと、先ほどの問いが「カレシ」だったのは、はたしてどういうわけだろう。私は数年前よりも若返っているのだろうか。

ともあれかつての「カノジョ」がこのたび「カレシ」に変わったことは、妙に新鮮な響きがあり、女性として先生をしていることを実感する部分でもあった。もちろん今でも、もしつくるなら「カレシ」よりも「カノジョ」のほうがいいのは変わりないのだが。

別の日には、やはり小学校高学年の女子生徒二人組が話しかけてきた。

「なぁなぁ、佐倉先生って結婚……」

お、来た来た。と思っていると生徒は意外な言葉の続け方をした。

「……してないやんなぁ?」

「………ち、ちょっと待て。その結婚してないって決めてかかった質問のしかたは、なんやねん」

「だって、なぁ」

「うん、なんか結婚してなさそうっぽいってゆーか……」

いったいどういうことだろう。はたして生徒たちの目に、私はどのように映っているというのだろうか。

たまたま中島彰子ちゃんから電話がかかってきたので、ついでにこの件について質《ただ》してみた。

「うーん、それは素直に喜んでいいことやと思うヨ。たぶん佐倉さんには所帯じみた生活感があんまりしないってことやないかな。なんか透明感があって、若く見えて、正体不明で……」

「……正体不明だけ余計や」

ともあれ、私が一般的な女性のライフコースにあてはまっていないことが理由のひとつであるのはまちがいないようだった。フツーに結婚し、妻になり、母になっていくことで、その役割に応じた風貌になっていくところを、私はそこから外れているというわけだ。そしてこれは、たぶん男性においても同様のことが言えるだろう。


いずれにせよ生徒たちとの関係性においては、女性として先生稼業ができるようになったことは、やはり私にとってありがたいことであった。

かつては、本当は女子生徒を教えるほうが得意だったのに、自分が男の先生であるために、女子生徒からは異性の先生として隔意を持たれたり、また「男どうしがいいだろう」と優先的に男子生徒の担当にされては、表面的な指導しかできなかったりしたものだ。

しかし今はもう、女子生徒とも女の先生として接することができる。女子生徒としても同性の先生なので、屈託なくいろいろなことをしゃべってくれたりもする。それでまた恋愛の相談にからめて、私の十代のころの恋愛体験なぞを尋ねられると困ってしまうのだが、基本的に女の先生として生徒たちを教えるのは楽しかった。それはある意味で、理想の教育ができる立場を、ようやく手に入れたということでもあっただろう。

佐倉先生は子持ち?

娘・満咲がかれこれ二歳になろうかというある日、私は満咲をベビーカーに乗せて、電車に乗ろうとしていた。相方がどうしてもはずせない用事があり、私もまた所用で大阪市内まで出かけなくてはならず、協議の結果、この日は私が満咲を連れていくことになったのだ。エレベーターをめざして駅の構内を歩いていると、前からやってくる女子高生が何やら反応している。

「センセ〜!!」

手を振るその姿をあらためてよく見ると、この春まで塾で教えていた菊地恵実である。高校受験を控えて熱心に勉強する恵実は、自ら居残りを希望したことも何度かあり、そのたびに私も遅くまでつき合ったものである。おかげで恵実は希望どおりの高校に合格し、今は花の女子高一年生なのであった。

しかしこんなところで、このような形で塾の教え子に出くわすとなると、おちおちノーメイクでは出かけられないことになる。トランスジェンダーもパートタイム時代なら、「女装しているところ」を知り合いに見られることを恐れなくてはならないのだが、このところの私のようにほとんどフルタイム化してくると、逆に「女装していないところ」を見られるのに注意しなければならない。

「センセ、久しぶりー」

「どや、元気にしてるか」

タータンチェックのミニスカートにルーズソックスという今風の女子高校生スタイルの恵実は、尋ねるまでもなく元気そうである。

「今、学校の帰り？」

「はい」

「どう、学校は楽しい？」

「うん、とっても」

「そりゃよかった」

ひととおり学校がらみの会話がすむと、恵実はベビーカーの満咲を見て、こう問うて来た。

「わぁカワイィ、先生の子ども？」

シチュエーションからして当然の質問である。が、私固有の事情としては聞かれたくないことでもあった。なにせ塾では満咲は私の弟夫婦の子どもということになっていて、私自身のことは「謎」なのだ。

「えーと、いや、その……姪やねん」

やむなく私は「設定」にしたがって回答した。

「へぇー、そうなん……」

本当は実の娘にまちがいないのだが……。

私の頭の中では、思わず演歌『花街の母』が鳴り出していた。

佐倉先生は女子大生?

　塾で教える同僚の先生は、塾長・工藤頼子先生を入れても総勢で十名弱ほどであった。個別指導塾では教科や授業時間枠ごとに担当を決める必要がないので、一教室のスタッフ数はそんなに多くないのが普通である。そして、うち半数が近所の主婦で教職経験などのある人、残りは近くの女子大に通う学生のアルバイトであった。

　私は年齢的には前者のグループに入るはずなのだが、どういうわけか波長が合うのは後者のほうであった。例の私生活をオープンにできない関係で、主婦の方々とはどうしても話がはずまない。その点、女子大生グループとは話題が合わせやすいというのはあったかもしれない。また私の社会的な位相が実際のところ主婦とはかなりちがい、むしろ女子大生のほうに近かったということも考えられる。女子大生の中に入ってもうまくやっていけるかも。このときに漠然とそう思っていたかもしれない。

　中でも特に仲よくなったのは鳥海直子ちゃんである。勤務曜日が私とほぼ重なっており、また家の位置関係から帰りは私がクルマで送っていくことも多かったのだ。

　クルマの中では直子ちゃんと、ごくごく他愛のない会話をした。

「佐倉さーん、平井堅ってカッコイイと思いません?」

「えっ、平井堅……。うぅーん、どーかなぁ」

歌手の平井堅は後には『大きな古時計』のヒットで紅白歌合戦への出場も果たすが、これはまだFM802などがさかんにプッシュしていたブレイク途上のころのことである。ちょうど『even if』がカーラジオでよくかかっていたが、その「いい人だけどモテない男」の気持ちをあまりにもストレートに歌った歌詞が、どうもかつての自分の身につまされるような感じがして、私としてはあまり聞く気にはなれなかったものだ。

「絶対イイですヨ。一度レンタルショップでCD借りてみてください」

「そ、そう……」

「佐倉さんは、好きな歌手、誰なんですか」

「そ、そーやな、キロロとか……」

「……そうなんですか」

じつのところ近年は特に贔屓《ひいき》の歌手はいなかったので、とりあえずよくCDを借りるアーティストの中から、最初に思い浮かんだ名前を答えた。本来なら私が男性歌手の名を答え、それをもって私の好みの男性のタイプをも推測したかっただろう直子ちゃんは、少し不満げだった。

別の日の直子ちゃんは、やや疲労気味であった。

「佐倉さーん。佐倉さんって何時に起きます？」

「え、朝？　……八時くらいかなぁ」

私はハッキリ言って朝は弱い。何かよほどのことがなければ、早朝から起き出すことはない。のだが、私を主婦だと直子ちゃんが思っているとしたら、あまり朝寝坊なのも不自然である。そのへんのバランスを考えての答えだった。しかし直子ちゃんは学生らしい反応だった。

「えー!! やっぱり早起きなんですねぇ。私なんかこのごろどんどん起きる時間遅くなっちゃって……。プレステ買ったのがまずかったかなぁ」

そりゃ朝までテレビゲームをしていれば、昼まで寝ることになるだろう。恥ずかしながら、かつて私も経験がある。

それにしても八時起床を「早起き」とのたまう直子ちゃんは、私の生活時間を、自分と同じ学生のパターンでとらえているのだろうか。つまり私は直子ちゃんからも「結婚していない」「主婦ではない」と思われていることになる。

こうして、私と直子ちゃんは一見学生どうしのような感覚で打ち解けていた。私がシスアドの資格を持っているということで、パソコンを買うのについていきてと頼まれたこともあった。近くの大型電機店までまたクルマで出かけ、帰りにはオムライスとパスタが評判のお店にいっしょに行ったりもした。

そんなある日のことだった。その日も私は塾の帰り、直子ちゃんをクルマで送っていた。

「この前さ、教室の近くにおいしいラーメン屋さん見つけてんけど、今度帰りにいっしょに行こっか」

北陸の親元から離れてワンルームマンションに一人暮らしをしている直子ちゃんに、たまには晩ご飯をおごってあげるのも悪くはないだろう。

「あ、いいですね。行きましょう、行きましょう」

はじめはそんなふうに元気だった直子ちゃんだが、しばらくすると妙に無口になってきた。

「だいじょうぶ、鳥海サン、どこか具合でも……」

「あ、スミマセン…………」

「？」

そうこうするうちにクルマは直子ちゃんのマンション前に到着した。

「着いたよ〜、鳥海サン」

が、依然直子ちゃんの様子はおかしい。思い詰めたような表情の直子ちゃんは、十秒ほどの沈黙の後、つぶやくように言った。

「佐倉さん……、今晩、泊まっていってもらえませんか」

「えっ、と、泊まるって……」

そんなこと急に言われても困る。いや、急でなくても困る。女子大生の部屋で一晩を過ごすなんて！

たしかに直子ちゃんから見れば私は女性。私とて、直子ちゃんには恋愛や性的な感情はなく、同性のお姉さんのような感覚で接してはいる。しかし戸籍上の事実はまぎれもなく「嫁入り前の娘の部屋で妻子ある男性が一夜をともにする」ことになってしまう。それに泊まるとなるとメイクを落とすことになるだろうし、翌朝になればヒゲもかなり伸びてきているはずだ。

「そりゃぁ絶対にまず……」

「ここ数日、このあたりを変質者がうろうろしてるってウワサなんです。なんか、ひとりじゃ心細くて……」

……なるほど。そういうことか。

女性の一人暮らしであるがゆえに、男性のそれよりもなにかと心配ごとが多いという状況は困ったことである。警察に寄せられるストーカー等の相談も、大半は女性からのものだという。なんでもかんでも「女か・男か」で分けて考えるのはもちろんよくないのだが、こうした現状に合わせて何らかの社会的な取り組みはもっと必要かもしれない。

「うーん、そうなの……」

直子ちゃんが頼むのなら、力になってあげたいとは思った。でもやっぱり泊まるのはマズい、絶対に！

「どうしよう……、困ったなあ」

私が困惑している間に、しかし直子ちゃんも少し冷静に戻ったのだろう。

「ごめんなさい。そうですよね。佐倉さんにも都合ありますもんね。スミマセンでした」

そう言ってクルマのドアを開ける直子ちゃん。

「あ、待って」

とりあえず、直子ちゃんの部屋の前まではいっしょに行ってあげることにした。直子ちゃんが部屋に入り、ドアの施錠の音を確認してから、私はクルマに戻った。本当に変質者がうろうろしているのなら、私としても怖い（もっとも「変質者」の定義いかんでは、私のようなトランスジェンダーも、そこに含まれてしまうのだが）。手早くドアをロックしたとき、携帯電話のメール着信音が鳴った。確認すると直子ちゃんからであった。

「ありがとうございました。佐倉さんも気をつけて帰ってください」

私が身体まで女性であれば泊まってあげることもできたかもしれない。身体を根拠に性別を決定する現行の性別システムが、少し恨めしく感じられた。

その後、変質者のウワサはほどなく解消したらしい。しかし潜在的な不安はなくならないこともあって、直子ちゃんはセキュリティのよりしっかりしたレディースマンションに引っ越すことになった。それにともないバイトも別の塾へ行くことになり、おまけに携帯電話の番号も変わったようで、連絡が取れなくなってしまった。ラーメンを食べに行く件も果たされないままになってしまった。私としては少し残念な気がした。

佐倉先生は……男!?

こうして塾講師生活は続いたのだが、振り返ってみると、自分が先生として生徒からどんなキャラクターに見られているかというのは、男だったときと女として教えている今とで、さほど変わらないような気がする。人間の基本的な性格というのは、性別が変わっても変わらないものなのかもしれない。

一口に先生と言ってもさまざまなタイプが存在するのだが、私が生徒たちから、怖い先生・真面目な先生と思われたためしはどうもないようだ。今までの生徒たちの反応から察すると、優しい先生・おもしろい先生というところに集約できそうである。

教育活動をする上で、先生が生徒にとって「怖い」ことも、時には必要であるのだが、教育現場にも少なからずジェンダー意識が入り込んでいて、「怖い先生の役回りは男の先生に」とか「男の先生は少しくらい怖くできないといけない」みたいな思い込みは、けっこう多くの先生が持っている。高校講師時代の私が特に困難校勤務だったときには、これによるプレッシャーが少なからずあり、そのために無理もしたものである。しょせん自分のキャラクターに合った教育方針しかうまくいかないのだと達観するまでには、相応の年数が必要だった。

ただ、女の先生としての私は、決してお上品に構えているわけではなく、それなりに生徒を叱り飛ばしたり、怒鳴ったりすることも、ままあった。そうしたことから、塾の生徒たちが、私のことを「女の先生にしてはちょっと怖い」「男みたいな性格」と思っていたというのもまたありえるかもしれない。

一方、先生が「おもしろい」ことは、特に関西では（?）男女にかかわらずおおむねプラス評価であろう。授業の最初につかみのギャグのひとつも飛ばして生徒の気持ちを向かせ、それによって授業がスムーズに進むのであれば、それは教師としての資質と言えるし、なんといってもおもしろい先生は生徒たちも大歓迎である。

高校講師時代の私も、生徒が授業に興味を持てるようにさまざまな趣向を凝らしたし、笑いを取るために、授業内容に関連づけた高度な考えオチから単なるオヤジギャグまで、折にふれて取り入れたものである。その名残りは現在の塾での授業にも受け継がれていて、一日一回は誰かを笑わせていた。オヤジギャグはその名のとおり、女性は通常あまり言わないものも多かったが、やはり蓄えたネタはなかなか手放せない。若くて独身にも見える（!?）私が言うことで、むしろ落差が出てよけいにおもしろいということもあったかもしれない。

冗談の元ネタとしては『ドラえもん』を使うこともよくあった。なにせ周知度が非常に高い。小学校低学年の生徒などに算数の文章題の解き方を説明する際の例えにも『ドラえもん』は重宝した。

「せんせい、なんで『ドラえもん』知ってんのん？」

「あのなー、『ドラえもん』って先生が子どものころからあんねんで」

実際、私の家に残っているコミックスの初版本には、のび太くんの生年が昭和三十九年という記述もある。

他にも世代を越えて知られているシリーズと言えば『ウルトラマン』と『仮面ライダー』があげられる。子どものころの私は、性同一性障害の定石を裏切って、これらのシリーズがけっこう好きだった。ウルトラマンに出てくる怪獣の名前を全部覚えているのは、クラスの男子の中で私だけだったのが自慢だったりもした。そうしたことから低学年の、特に男子生徒とのやり取りには、この『ウルトラマン』と『仮面ライダー』はよく使った。私が『ウルトラマン』や『仮面ライダー』をよく知っている先生だとわかって心を開いてくれる子も少なくなかった。

ただ、女の先生がどうして『ウルトラマン』や『仮面ライダー』について詳しいのかを疑問に思う向きもないではなかった。彼らの認識の中では『ウルトラマン』や『仮面ライダー』はあくまでも男の子のものであるという厳然とした規範があったのだ。あるとき一年生でいちばんのやんちゃ坊主が、ついにその疑念をぶつけてきた。

「なぁなぁ、佐倉先生って男やな。だって『ウルトラマン』とか『仮面ライダー』に詳しいもん」

「あのなあ、べつに女が『ウルトラマン』とか『仮面ライダー』に詳しかったらアカンなんて、日本国憲法の第何条にも書いてへんねんで」

しかし彼は私の反論を受け流すと、他の先生のところへ行った。

「聞いて聞いて、あのな、佐倉先生って男やねんで」

コラコラ、ちょっと待て、なんて的を射たことを言うんだっ！

「だってな、『ウルトラマン』とか『仮面ライダー』のこと知ってんねんもん」

うむむ……。

理由があまりにもばかばかしいので、言われた先生も軽くあしらってくれている。私は半分ヒヤヒヤしながら苦笑するしかなかった。なんといっても「声が低い」とか「なんか毛深い」などを理由にされると、それなりに信憑性の高い指摘になってしまう。実際、先生方の中にもその点をいぶかしんでいる人はいたかもしれない。鳥海直子ちゃんなどは、どちらかというと細かいことは気にしないタイプだったが、女子大生の中には若さゆえの鋭さを備えた者もいる。大学の図書館の蔵書には『性同一性障害はオモシロイ』もあるだろう。それを見れば、佐倉理美＝佐倉智美であると気づくことなどカンタンである。

それにしても彼にとっては、私の声が低いことや毛深いことよりも、『ウルトラマン』と『仮面ライダー』のほうが、「男」の根拠であったというのは、ある意味、性別というものがじつは文化的に規定されている部分のほうが大きいことの証左なのかもしれない。

第5章　制度という名の障壁をこえる

郵便貯金の口座を作るには

長いみちのりではあったが、このようにして、私の女性としての生活は、いちおうの安定を見せるようになった。しかしそんな段階に到達したトランスジェンダーにも立ちふさがるものがある。いわば制度という名の障壁である。この章では、社会のどんな「制度」が少数者に不便を強いているか、そしてそれにどう対応できるのかについてまとめてみたい。

まずは塾の仕事を始めた一九九九年の春にさかのぼってみよう。

「はい、これ。四月分のお給料。給与振込の手続きがまだだから、今月だけ現金ね」

工藤頼子先生にそう言って初めての給料を渡された日には、私はまだ余裕だった。来月から給料を振り込んでもらうための「佐倉理美」名義の銀行口座は、こんなこともあろうかとすでに用意してあった。しかし数日後、頼子先生は予想外のことを尋ねてきた。

「佐倉先生、郵便貯金の口座は持ってはる？」

「えっ、郵便貯金……は持ってないですけど」

「じゃぁ、つくっといてくれる？　お給料の振込とか、全部郵便局でしてるから」

「えっ、そ、そうなんですか……」

　全国ネットで便利・国がやっているから安心などの理由で、郵便貯金を信奉する人は少なくない。しかし私はそれには賛同しかねていた。郵便局というのは「郵便」の局である。なのにどうしてソコで貯金が（あまつさえ保険まで）できたりするのだろう。これは論理的に絶対おかしい。郵便局は「郵便」に専念してこそ「郵便局」である。郵便局はサービス向上のためにも、初心に立ち返り、余計な副業をやめて、郵便事業に精進するべきである。

　しかし、ここでそんな持論を頼子先生に力説してもはじまらない。給料をもらうためならばしかたがあるまい。私は主張を覆して郵便貯金の軍門にくだることにした。

　ところが原理原則を覆さなかったのは郵便局のほうであった。

「あのう、貯金の口座をつくりたいんですが」

「何か本人確認のできるものはお持ちですか」

「……持ってません」

「じゃぁ、またあらためてお持ちいただいた日に手続きいただけますでしょうか」

「今日、作って帰りたいんですけど」

「いゃー、それはできないんですよ、すみません」

最初に訪れた地域の本局では、まずはそのようなやりとりとなった。本人確認書類が必要というのは知らないわけではなかったが、ないで押し通せなくはないだろうと思っていた。べつに私は悪事を働くために偽名口座をつくるわけではない。単にまじめに働いた分の給料を受け取るだけなのだ。

次の日、今度は町中の小さな郵便局でトライしてみた。

「あのう、貯金の口座をつくりたいんですが」

「何か本人確認のできるものはお持ちですか」

「はい、コレで……」

私は〝秘密基地〟の電気・ガス・電話の領収証、百貨店からのダイレクトメールなどをまとめて差し出した。これらはすべて「佐倉理美」宛になっている。

「……免許証か健康保険証はありませんか。公的機関発行の本人確認書類という決まりなので」

免許証や保険証を持ってないわけはないのだが、むろんそれらは「佐倉理美」名義ではない。だが今般の口座開設は塾の給与受取のためなのだから、「佐倉理美」名義でなければ意味がない。

「これだって公的機関発行でしょう。電話は契約の際にＮＴＴが住民票だって確認してるんですよ」

だからじつは電話の契約者名は「小川真彦」になっている。請求書・領収書の宛先だけを「佐倉理美」にしてもらっているのだ。つまりこの発言は、いわばハッタリなのだが、さすが郵便局も、そのあたりは抜かりがないのであろう。

「住民票の原本ならいいんですけどねぇ」

「どうしていちいちそんなものが要るんですかっ！」

「いや、それは規則ですから」

たかだか免許証・保険証・住民票を見せられないだけで、まるで犯罪者扱いである。マネーロンダリングなど一部の悪事を働く者のせいで、このように罪のない人間が不便を強いられる状況はいかがなものだろうか。なお、公共料金領収証や郵便物は今回のケースではかように無力だが、家庭裁判所での改名審査などの際には相応に有効だという。

ちなみに銀行のほうの口座は、郵送で口座開設を申し込む（手続き完了後、通帳やキャッシュカードが申し込みの住所に郵送されてくる）場合、本人確認書類を省略することも当時は不可能ではなかった。が、そんなありがたい郵送申し込みサービスが、あろうことか郵便貯金口座には採用されていなかった。郵便局のくせに郵送サービスをおこなっていないとはなんたることか。

「給与の振込に、どうしてもつくらないといけないんですが」

「……なら社員証でもいいですよ。お持ちじゃありませんか」

「え、えーと…………」

塾講師の仕事はパート待遇だし、工藤頼子先生の教室は、もとよりそんな〝社員証〟などという大げさな規模ではなかった。頼めば一筆書いてもらえるだろうが、それが社員証として有効と郵便局側が認めるかは未知数である。なぜそんなものを頼むのか、免許証や保険証はどうしたのだろうかと、頼子先生にいぶかられることにもなるだろう。そんなことになっては、男だとバレてクビになる第一歩である。

やっぱりダメだ。

「もうイイですっ!!」

忿懣やるかたなく、私は郵便局を後にした。

覚えてろ、今に小泉純一郎が総理大臣になったら、郵便貯金なんか廃止にしてやる!!

私は心の中で、そう毒づくしかなかった。もはや、選択の余地はなかった。

ちなみに「小泉純一郎総理大臣」はこの二年後に現実となるのだが、郵便貯金や簡易保険が廃止されたというニュースはとんと聞かない。改革派の旗印はいったいどこへ行ってしまったのだろうか。

税務署で確定申告をするには

その後、郵便貯金の口座は、郵便局を納得させられる書類を、なんとか用意することができ、給与振込はつつがなくおこなわれることとなった。一方、七月に出版された『性同一性障害はオモシロイ』の印税の初回支払いも、ささやかながら秋ごろにあった。年末には初の講演の講師料ももらった。他に取材や出演の謝礼などもある。

となるとこれらの収入をふまえて、所得税の確定申告をしなければなるまい。二〇〇〇年の初頭になって、私はどのように税金の申告をすべきか、頭をひねることになった。

もっとも確定申告自体は初めてというわけではなく、さほど難しく思ってはいなかった。大学卒業後、高校の講師をしていたころは、いくつかの給与支払い元を兼任していることが多かったし（兵庫県立と大阪府立、あるいは公立と私立など）、塾講師をはじめてからも、午前中に高校講師をかけ持ちで続けている時期がけっこう長かったので、源泉徴収だけではすまず、確定申告をする機会は毎年のようにあったのだ。実際にはすでに源泉徴収されている分がトータルでは払いすぎになっているのを、返してもらう「還付申告」になることも多かったが。

問題は、今回は「佐倉智美」や「佐倉理美」名義の収入が含まれている（というか全部そう）ことである。これらはどのように処理すればいいのだろうか。また今回は給与以外の収入もあるため、必要経費などの計算も入ってくる。そのあたりはこれまで未経験の分野であった。


二月のとある日、私は疑問点をまとめた上で税務署を訪れた。

「あの～確定申告をする名前は、やはり戸籍上のものでないといけない……んですよねぇ」

申告会場の係員は、尋ねれば申告書作成に関するさまざまな質問にていねいに答えてくれる。とはいえいきなりこれでは、さすがに面食らったかもしれない。

「うーん！　それはやはりそうですね」

「ペンネームとかはどうすればいいんでしょう」

「それはここに書いてください」

係員は、申告用紙の氏名欄のすぐ下にある「屋号・雅号」の欄を示してそう答えた。

「収入の種類によって、ペンネームもちがうんですが……」

「それなら『所得の内訳書』の用紙をご利用いただけます」

メインの申告用紙の副票として利用できる用紙を何種類か税務署は用意していて、所得の内訳書もそのひとつである。たくさんの支払い元から収入を得ている人には欠かせない用紙である。私はその用紙の「所得の基因となる資産の数量」の欄を、勝手に「所得の名義」と書き換えて使うことにした。

「必要経費の申告などはどうすれば……」

「収支内訳書という副票の用紙もあることはありますが、印税・原稿料とかでしたら、事業収入ではなく雑収入扱いで、強いて要らないですよ。詳細はご自身で整理しておいていただいて、合計金額だけこちらに書いておいてください。……それに黒字になりますか？」

「うっ……」

たしかにそうである。一九九九年の収入は私が佐倉智美あるいは佐倉理美としてはじめて得た記念すべきものではあるが、その金額といえばほんの些少なものである。塾の給料は給与所得の計算にあてはめると課税対象の所得額が0円になり、印税や出演料も、必要経費を差し引かなくても、基礎控除等ですでに税額は0円であった。したがって今回も、確定申告書に源泉徴収票を添えて提出することによって、払わなくてよかったのにあらかじめ天引きされてしまっている税金を返してもらう「還付申告」なのである。

「わかりました。それじゃ今度また仕上げて持ってきます」

ひととおり疑問が解決して、私はいったん税務署を後にした。戸籍名以外で働く・収入を得るというのは、たしかに税務に関して面倒は増えるのだが、決して否定されているわけではなく、道が閉ざされてはいないようであった。

ちなみに源泉徴収票の名前は、ペンネーム等になっていても問題ないようである。また、メインの氏名に戸籍名を使い、「屋号・雅号」の欄に通称名・ペンネームを書いて提出するというのは、考えようによっては後々有用なこともある。税務署に確定申告の用紙を提出すると、提出者用の控えを渡してくれるのだが、これには税務署印も押してあって、あるていど公の文書としての効力がある。だから例えば「小川真彦＝佐倉智美」だと証明しないといけないような場合には、これが役立つことになる。

ただ、所得税すなわち国税に関してはこれでいいのだが、税務署に出したデータは、住民登録している市町村にも回送され、そこで市長村税と都道府県税（総称して住民税）の計算にも活用される。そしてそこから会社などに連絡が行き、それに基づいて住民税が給料から天引きされるという仕掛けになっている。そのため、その時点で会社などに名前が戸籍名とちがっていることが知れてしまう危険性はある。私の場合、工藤頼子先生の教室では源泉徴収も年末調整もしていなかったので問題はなかったのだが、カミングアウトせずに会社で働く場合、これは注意しなければならないポイントである。事前に市役所の住民税課のようなセクションと相談しておき、住民税は市役所から郵送される納付書で銀行などから納める形（自営業者はこの方式）にしておいてもらうなどの手は、打っておくにこしたことはない。

数日後、私は申告書を完成させ、税務署に提出にやってきた。内容は問題なく、むろん男性名の申告書を持ってきた人が女性に見えることも、何も咎められることはなかった（そもそも代理人でも提出できる）。数週間後、私の銀行口座には、無事に還付金が振り込まれた（還付金を受け取るにしても、払う分を振替納税するにしても、戸籍名の銀行口座は必要である）。

余談になるが、この二年後の二〇〇一年分の確定申告から、用紙の様式が一新された。従来は変則的な判形だったものが普通のA４になり扱いやすくなったのをはじめ、全体的に欄がわかりやすく合理的になった。将来のインターネット申告などにも対応したフォーマットなのだろう。なおこの新様式の申告用紙にはAバージョンとBバージョンがあり、「屋号・雅号」の欄は後者にしかないので、私のように通称名・ペンネームを書きたい場合は、Bバージョンの用紙を請求したい。

ところがこの新様式の申告用紙、従来はなかったある項目が新設されているのである。そう、性別欄である。まじめな市民として税金を払うのに、女か男かなどはカンケイあるのだろうか⁉︎ 男女共同参画という時代の流れに逆行するこの改悪は、厳しく追及されるべきではないだろうか。

私はこの性別欄ができて以降の確定申告では、もちろん記入せずに提出しているが、とりあえずは税務署側から指摘されたことはない。

健康保険証を持って医者に行くには

私が異変に気づいたのは、確定申告も終わって一息ついていた三月のある日の午後であった。

「!…………?」

私は思わず口もとに手をやった。奥歯のあたりにえもいわれぬ違和感。微かな疼痛は、しかししだいにズキンズキンという大きな痛みになっていった。

こ、これはっ。

どうやらこれこそが、噂に聞く親知らずによる痛みのようであった。しばらく我慢していたが、やがて夕食をとるのにも支障が生じるようになった。歯茎が相当腫れているらしい。

「うぐぐー……」

これは観念して歯医者に行くしかない。翌朝私はついに健康保険証を手に取った。

健康保険証といえば、トランスジェンダーにとっての鬼門とも言える公的書類である。『女から男になったワタシ』（青弓社）などの著書もあるトランスジェンダー・虎井まさ衛さんの講演などでも、戸籍の性別変更の必要を訴える中で、戸籍上の性別が記された健康保険証を見せたくないばかりに病院へ行くのが遅れ、癌を悪化させてしまった知人の話が出てくる。本来は個々人の円滑な社会生活のためにあるはずの公的書類が、逆に障壁となってしまっている象徴的、代表的な例であろう。むろん私の保険証にも、性別欄は「男」と記されている。

もっとも私はめったに医療機関には行かない人である。性別問題云々にかかわらず、もともと医者にかかるのが嫌いなのだ。病院へ行くのは苦痛を取り除いてほしいからなのに、私には病院で聴診を受けたり、注射されたり、血圧を測られたり、心電図を取られたりといったこと自体が苦痛なのである。だからちょっとした風邪ていどなら市販薬を飲んで済ませてしまう。健康診断も、もしも病気が見つかったら大変なので受けない。そんな次第なので、私にとっては健康保険証の性別欄問題というのは、これまであまり直面する機会がなかったのだ。

さりとて今回の親知らずの痛みは、放置できない。そして歯医者にいざ行くとなると、保険証の性別欄はたしかに問題であった。

この二〇〇〇年春時点では、私のトランス生活はほぼフルタイム化しており、外出は基本的に女性モードである。まずもってそうしたいし、下手にヒゲ面で外出して塾の生徒にでも会ったら大変だというのもある。しかし女性に見える客の保険証の性別が「男」であることによる悶着も、たかだか近所の歯医者に行くだけのことで起こしたくはないものだ。

しかたがない。

私はなんとか「どっちにでも見える」格好を工夫することにした。化粧はごく薄く、ヒゲを剃ったあとにクリームファンデーションを塗るていどにとどめた。胸の詰め物は装着せず（大きめのシャツを着て目立たなくするというのも次善の策である）、服装は女物ではあるが中性的な色使いとデザインのものを選んだ。目標は公衆トイレで女性用に入っても問題にならず、かつ男性ではありえなくなる限界よりは少し手前。これはある意味、高等技術である。普通に〝完全な女装〟をするほうがむしろ簡単かもしれない。

とりあえずの身仕度がすんで、私は近所の歯医者へ向かった。受付に保険証を出すと、係の女性はやや困ったように尋ねてきた。

「え、ぇーと今日はどちら様がいらしたのでしょうか……」

私の健康保険は国民健康保険。被保険者は私のほか、相方と満咲が載っている。この二人は性別欄が「女性」になっているのだから、私が通常の男性なら、この質問はまず出まい。私は保険証の名前を指さして答えた。

「あのー、これ……ですけど」

「あ……［真彦］様ですか。……かしこまりました」

予想の範囲内とはいえ〝いかにも〟な展開に、私は内心苦笑した。

ふと見ると、診察室への入口の脇に掲示がある。読めば【女性の方は口紅を取っておいてください】とある。

「女性って、いったい誰のことなんや……」

まさか口紅をしている人だけが全員「女性」で、それ以外は「男性」というわけではあるまい。

診察の順番を待ちながら、私は心の中でツッコミを入れていた。

親知らずは結局抜くことになったが、歯医者が勧めるとおり、抜いてしまえばたしかにその後はスッキリした。

親戚のお葬式に出るには

五月の連休が過ぎるころ、訃報が飛び込んできた。親戚のばあちゃんが亡くなったというのだ。すでに九十に近い年齢だったという。このばあちゃんは私の祖母と仲がよく、昔はよくウチを訪ねてきていた。幼い時分の私はそのたびに遊んでもらっていたし、ときには無理を言って困らせてもいたようだ。したがってお葬式には出ないと義理を欠くことになる。

問題はお葬式という親戚一同が集まるところに、父といっしょに出かけて行くということである。当然、男として行かなくてはならない。しかも冠婚葬祭といえば正装が原則。「どっちにでも見える」格好のようなカジュアルな服装ではすまないのだ！

「うぅーん」

唸ってみたところで問題は解決しない。しかたあるまい。今回ばかりは「男装」するよりほかない。私はクローゼットの奥から、こんなときのためにいちおう残してあった黒の略礼服を引っ張り出して、試しに合わせてみた。

まずい！　ネクタイの締め方忘れかけてる……

だがそんなものではすまなかった。上着まで着てみた姿は、明らかにオカシイ。髪型と服装が合っていない。全体の雰囲気も妙にアンバランスである。あたかも初めて男装した女性といった感じである。

「アヤシい、怪しすぎる！」

せめてこの〝あんまり〟な男装をなるべく衆目に晒《さら》さないために、電車ではなくクルマで行くことにした。

思えば近ごろはめっきり「男装」ができなくなった。周囲から男性だと認識されるのが困難になったと言ってもよいだろう。

この前年、友人の結婚式に出席する相方を、ちょうど満咲がお腹にいて身重だったこともあって、クルマで会場まで送迎することになったときもそうだった。私は正式な招待客ではないので披露宴の間ロビーで待つことにしたのだが、そのため服装はほどほどの小ぎれいな格好でしかなかった。後で相方が言うには、友人から「あの人は誰？」と尋ねられたらしい。その友人は、私たち二人の結婚式にも来てもらっていたので、面識がないわけではないのにである。もはや私は、たとえ「男装」しても当時とは全くちがう姿になっているということなのだろうか。そういえば、これよりさらに以前に「旦那さんはどこ？事件」というのもあった（拙著『性同一性障害はオモシロイ』参照）。

また、私が大学時代の後輩の結婚式に呼ばれた際も同様であった。さすがに誰だかわかってもらえないことはなかったが、「オガワさん、その髪型、なんかモーツァルトみたい」などと言われたものである。

葬儀会場に着くと、すでに親戚一同が集まりつつあった。

「おぉ真彦クンか、いやぁ立派になって」

すでに三十代になって久しい私に「立派に」もないものだが、社交辞令とはそういうものだろう。何人かのオジサンからそうした趣旨の言葉をかけられつつも、彼らの表情には「何かオカシイぞ」と感じている気配も読み取れた。

「真彦クン、なんか雰囲気変わったんやないか？」

「女の人かと思った」

しかし思っていてもそうは言えないのもまた社交辞令の掟である。こうした気苦労をお互い解消するには、やはりカミングアウトしかないのだろうか。この先も結婚式やお葬式があるであろうことを思うと、私は少し気が重くなった。事前に予定が知らされる結婚式はまだしも、特にお葬式はだいたい意表を突いたタイミングでやってくる。美容院へ行った直後で、思い切りフェミニンな髪型の時期だったりするとどうしようもない。

冠婚葬祭と親戚というシステム。これもまた性別を変えて生きる際の障壁となる制度のひとつかもしれなかった。私は髪の毛を後ろで束ね直して、葬儀の準備を適宜手伝った。男性として行動しなくてはならないこと、同性が男性陣であることには、やはり違和感があった。

しばらくして皆で一息ついていると、葬儀会社の人が蒸しタオルを配りにやってきてくれた。

「お疲れさまです、はいどうぞ」

汗ばむ陽気となっていたこの日、男性陣は皆すかさずそれで顔を拭きはじめた。私もかってはよくしていたものだが、女性として生活するようになってからは、気持ちよいとは知りつつ、化粧を気遣ってできないでいた。が、ふと気づいた。

今日はできるじゃん！

私はおもむろに蒸しタオルを顔にあてがった。「どっちにでも見える」格好のようなカジュアルな服装ではなく、ちゃんと正装しているはずなのに化粧をまったくしていないことが、なんだか不思議に感じられた。

そうこうしていると、親戚のオジサンのひとりがやってきて言った。

「真彦クン、すまん。焼香客に立礼をする人間が足らんのやわ。頼めるかなぁ。お父さんに聞いたら、足が痛いいうことやし……」

一般焼香客の帰り際に、喪主側からの謝意としてひとりひとりに礼をするために立って待っておく役回りの依頼である。男性が三人くらい並ぶのが相場のようだ。父がもはやそこそこ高齢で、長く立っていると足が痛むようになって数年というのは事実だった。今回亡くなったばあちゃんは、私から見て必ずしも近い親戚というわけではなかったのだが、親族関係にたまたま女性が多く、男性で近い順に見ていくと、父の次は私ということになるらしかった。

立礼はなぜ男性でなくてはならないのか、というギモンを差し置いても、なにせ私はこの怪しげな背広姿である。できれば辞退したかったのだが、そのための適当な理由がなかった。

しょうがない！

「タカラヅカ？」などといった不審の声が上がるのを心配しつつ、私は葬儀の間じゅう、会場の出口で頭を下げ続けることとなった。

やがて葬儀がつつがなく進行し、出棺からお骨揚げもすめば、本来は一週間後の初七日の法要も当日中にまとめてすませ、そのあと親戚一同で会食という段取りであった。

会食用の料理は仕出し業者から一式届けられていたが、赤だしを温め直してお椀に注ぐなどの細かい配膳作業は、こちらでしなければならなかった。私は親戚のオジサン方の相手をするのがやはり苦手だったので、ついつい女性のいるほうへと寄っていき、そんな配膳作業を手伝ったりしていた。すると親戚のオバチャンの一人が、その様子を見咎めて言った。

「あらまぁ！　真彦クン、男の人はそんなことしなくてイイのよっ！」

「…………」

私はすごすごと、オジサン方がすでにビールを酌み交わしているほうへ身を引くしかなかった。いったいどうして男だというだけで、しなければならないことや、してはいけないことがあるのだろう。久々に男装した一日は、そんな疑問をあらためて感じる機会でもあった。

投票整理券を持って選挙に行くには

二〇〇〇年夏には衆議院議員総選挙があった。

自慢というものでもないが、今まで私は棄権したことがない。現在の選挙制度や政党政治の現状では、投票したって何がどうなるわけでもないのが現実かもしれない。が、やはり一票を投ずることで、少しでも有権者として意思表示をすることが、世の中をよりよく変えていくことにつながるのではないかという思いはあった。

ただ投票に行くとなると、やはり問題となるのは性別である。実際、見た目と書類上の性別がちがうために、投票所の受付で「本当にご本人ですか」といぶかられ、押し問答をするうちに周囲に「なんだなんだ？」と人だかりができてしまい、顔から火が出る思いをした末に、二度と投票には行くまいと心に誓った人の話などは、折にふれて耳にする。

不正投票を防止するには、ある程度の本人確認が必要というのも理解できるが、書類上の性別と異なる生活をしているというだけで、憲法で保障されているはずの参政権の行使が妨げられてしまうのは困ったものである。

結局このとき、私は例によって「どっちにでも見える」格好で投票に行った。投票所は近所の小学校だし、無用の悶着を起こさないことは現実的な選択である。以前にも述べたことがあるが、イソップ物語のこうもりは卑怯なのではなく、柔軟な思考で賢明な態度をとっているのである。むろん、あえて書類上と反対の性別の格好で投票に行くという行動を戦略的に実行している人には敬意を払いたい。

翌二〇〇一年には参議院議員選挙もあった。このころになると、私はますます完全な男装が不可能になり、その分「どっちにでも見える」格好には磨きがかかっていた。

　投票日を控えたある日、市の選挙管理委員会から、いつものように投票所入場整理券が郵送されてきた。これがないからといって投票できないわけではないが、投票所での受付をよりスムーズにすることを期して発行されているものである。

　投票所入場整理券の様式は（もしかしたらこの呼び名も）各市町村によって異なっていて、各個人宛にはがきで来るところもあるようである。有権者ひとりひとりを自立した個人として尊重するという点では、はがき形式が望ましいと言えるかもしれない。しかしウチの市では、経費節減を優先しているのか、世帯全員の分が封書で送られてくるという方式であった。封書を開けると、中にはコンピューターでプリントアウトされた一枚の用紙が入っていて、そこから各自の分をミシン目で切り取って、それぞれ投票所に持って行くのである。

　問題は、この投票所入場整理券にも性別欄があることである。私の場合、どうせ名前で男性らしいとわかるとはいえ、やはりこの「性別・男」と明記されているのは相応の心理的負担である。なんとかならないものだろうか。

　しかしこればっかりはどうしようもない。名前の変更は申請すれば性同一性障害を理由に認められるようになってきているが、性別表記は戸籍の性別訂正が認められない限り不可能だ。

　やれやれ。

　しばらく用紙を見つめていた私は、とりあえずミシン目から、各自の分を切り分けることにした。

　ビリビリッ。そのときだった。

「あっ」

失敗した。しまった。なんてこったい。

不覚にも、きれいに切り取れずに、端っこが少し破れてしまった。今までこんなことはなかったのに……。

だがその破れたところをよくよく見直した私は、ふと思い直した。これはいい！

ちょうど私の分の、それも性別欄のところが破れている。これを、これ幸いとそのまま破いていくのだ。

投票日当日、私は性別欄が破れてなくなった整理券を持って投票所を訪れた。

ウチの投票所の受付は、［A町一～二丁目］［A町三～五丁目］［B町］［C町］……という具合に、地区別になっている。聞いた話では、これもどこかの市では「男女別」になっているらしく、受付に並ぶその前の段階で、「あっ、女性はこっちですヨーっ」「いえ、こっちでいいんです」というやりとりをすることになってしまうらしい。困ったことである。なぜ世の中はこうまで「性別」というものを珍重するのだろうか。

私は自分の地区の列に並び、問題の整理券を差し出した。

「……………」

「……………」

しかし、何事もないかのように手続きは無事にすみ、結局投票は無事に終了した。

これに味をしめた私は、二年後の統一地方選挙では、はじめから投票所入場整理券の性別欄をハサミで切り落として投票に行くことになる。もはや完全な確信犯である。

市役所に届け出るだけで名前を変えるには

参議院議員選挙も終わった二〇〇一年八月のはじめ、私はうちわ片手に考えを巡らせていた。トランスジェダーとしての初期には「パス」できるかどうか、すなわち望みの性別で周囲から見てもらえるかどうかなどが、重大な問題であったりする。しかしそうした種々の課題をひとつずつクリアしてきた後、最後に残る諸問題は、やはり公的書類の表記に収斂するのであった。

この公的書類の表記の問題も、大きく言って二点ある。ひとつはズバリ性別。そしてもうひとつは名前である。

前者については、虎井まさ衛さんらがこの年の五月に戸籍性別訂正の申し立てを裁判所に起こして話題になっていたが、前途は多難な見込みであった（本書の最後の時点から三カ月後の二〇〇三年七月に、性別変更の「特例法」が成立するものの、変更が認められる条件は、依然として厳しい）。

後者に関しては、裁判所に改名申請すれば、性同一性障害を理由に認められるようになってきてはいる。「〇彦」や「〇子」をはじめとする明らかにジェンダーイメージと結びついた名前は、本人の生活の現況に合わせて改めることは可能になっているのである。しかしいちいち裁判所へお伺いをたてないといけないというのも、自分の名前なのに不条理だ。いろいろな資料を揃えたり、審理のために出頭したりと、手間ヒマだってばかにならない。だいたい見た目が女の人の名前が「太郎」だったりして、ビックリしたり確認のために仕事の流れが中断して困るのは、書類を提出された窓口の人のほうなのだから、むしろ市役所の担当者のほうが菓子折のひとつも持って「すみません、頼みますから名前（と性別も）変えてください」とお願いに来るべきなのではないだろうか。

「名前くらい、好きなようにさせてくれよな……」

蟬の声を聞きつつ、私はエアコンのリモコンを手に取った。そしてふと思った。

二年余前、市役所に満咲の出生届を出しに行った際、用紙にはこう書いてあった。「フリガナは戸籍には記載されませんが、市の事務処理に必要ですのでご記入ください」。つまり市の住民登録には各種の便宜上、フリガナが補助データとして入力され、住民票のフリガナ欄などにも反映される。しかし戸籍にはそういったフリガナというものはないのである（ちなみに戸籍は国が元締めなのに対し、住民票は各市町村の管轄で、両者は基本的に別々のモノである）。

だから例えば戸籍名が［智美］という人が、この［智美］自体を変えるには、裁判所の許可をもらって戸籍の記載内容を訂正してもらわねばならない。だが［智美］を〝ともみ〟と読むか〝さとみ〟と読むか、はては〝ともはる〟や〝のりあき〟と読んだとしても、それは自由なのだ。フリガナが任意データである以上、そういうことになる。

ということは……

そう。私の戸籍名［小川真彦］の［真彦］も、〝まさひこ〟ではない何か適当な読み方に変えてしまえばいいのだ！

私はさっそく漢和辞典を取り出し、［真］と［彦］の読み方を研究した。法的には人名はどんな読み方でも可能で、［十兵衛］を〝まりあ〟とすることだってできるらしい。が、あんまりにも突飛な読みでは、やはり不都合も多いだろう。それなりに他人が納得しそうな読みが望ましい。ちなみに先に挙げた［智美］の読み方の例はすべて漢和辞典にも載っている無理のない読み方である。調べてみると、［彦］の読み方は〝ひこ〟の他にも〝お〟〝よし〟〝さと〟などいろいろある。これはけっこう使えそうである。

次に私はパソコンの姓名判断ソフトで、いくつかの読み方候補をシミュレートしてみた。姓に続けてかな書きした際に、あまりにも具合が悪いとやはり居心地がよくない。結果、もっとも好ましいのは［真彦］を〝まお〟と読むプランだと判明した。〝まお〟というのも今風のカワイイ女の子の名前のようでなかなかいいではないか（［小川真彦］が執筆用の仮名なので、実際に［小川まお］を姓名判断にかけると、あまりよくない結果になります）。

この夏最後の花火大会もすんだ月末、私は市役所を訪れた。最近は市役所に行くくらいなら、あえて「どっちにでも見える」格好ではなく、ズバリ女性に見える姿で行くことにしている。

各種申請の記載カウンターには、引っ越しの際をはじめとして、住民票の記載内容の変更の届出に広く使える「住民異動届」の用紙がある。私がそれに記入しておもむろに窓口へ持って行くと、係員は一瞬どこが何の変更なのかわからずにいぶかった。

「えぇーと、これは……」

「名前の読み方を変えたいんですが……」

「あぁ……誤りの訂正ですか」

「というか、変更なんですけど」

「……えーと、この［真彦］さんご本人の委任状か何かお持ちですか」

「私が本人です」

「えっ？　あっ！　おっ……。わかりました、それでは……」

　カチャカチャ……

　係員がコンピューターのキーボードをたたくこと、ものの数秒。操作そのものはあまりにもあっけなかった。

「はい、これでできました。住民票は今日はお入り用ですか」

「そ、そうですね」

　せっかくなので記念に、というか証拠としての意味もあって、一部発行しておいてもらうことにした。

「では、できましたらお呼びしますので、向こうのお渡し窓口のほうでお待ちください」

　言われるままに移動してしばらくすると、お渡し窓口の係員が呼ぶ声がした。

「小川まお様〜」

　新鮮な響きであった。そしてそれは違和感なく耳に入ってきた。はじめて自分の名前が正しく呼ばれたような気さえした。思えば幼少のころより〝まさひこ〟という名前にはどこか馴染めなかったものだ。

「あ、はい」

もちろん〝まお〟という響きと、呼ばれた人物の外見との間に、周囲の人々の好奇を誘うようなギャップもなかった。私は上機嫌で窓口に歩み寄ると、手数料と引き換えに住民票を受け取った。

念のため確認すると、氏名欄の［小川真彦］の漢字の上のフリガナはまちがいなく〝オガワマオ〟になっている。性別欄にはいまだ「男」などと明記されてはいるが、ひとまず本日の課題は無事クリアできたわけだ。また備考欄には今日の日付とフリガナを修正した旨、および修正前のフリガナも記載されている。これは、かつて小川マサヒコさんであった人が、まちがいなく現在の小川マオさんであるという証拠となるので、後々そのことを証明しなければならない際には役立つことになる。またそんな必要がない場合には、備考欄の内容は印字せずに発行してもらうことも可能なので、むやみにプライバシーを暴露してしまうこともない。

次に私はその足で、同じ市役所の中にある国民健康保険課の窓口へ向かった。

「あのー、名前のフリガナが変更になったんですけど……」

「それでは……」

事情を告げると、新しい内容の保険証に無料で作り替えるとの返答であった。国民健康保険課のほうで参照するデータは、すでに市のコンピューターの中で修正済みなのだから、あとはプリントアウトするだけのはずなのだが、住民票の発行などにくらべると、若干時間がかかるようであった。

数分ほど待った後、またもや名前が呼ばれた。

「ええと、小川まお様ーっ」

「はいはいー」

保険証にも、例によって「性別・男」とわざわざ明記されているし、名前の漢字を見れば［彦］がついているのも隠しようがない。それでも、声に出して読まれたときの、この響きは何度聞いてもうれしいものである。

あぁ、これでもう自分は「〃まお〃ちゃん」なのだ。たとえ文句があるヤツがいても、天下の健康保険証、そして住民票にそう書いてあるのを見せれば、もはや何人《なんぴと》たりともグゥの音も出まい。

市役所を出ると、少し翳りを帯びた夏色が駅前通りを照らしていた。妙に気持ちが軽やかだった。それは、ついに「自分の名前」を手に入れた喜びだったのかもしれない。
＊なお、市町村によっては、住民票や国民健康保険証にフリガナ欄がない場合もあります。その場合はフリガナを公的書類によって証明することができません。本稿の内容を参考にされる場合、お住まいの市町村ではどうなっているかにはご注意ください。

日付が九月に変わるころ、今度は新しい銀行口座の開設に取りかかった。［小川まお］の読み方で口座を作るのである。

少し迷ったが、ここは無難に、窓口ではなく郵送サービスを利用することにした。ATMコーナーから取ってきた申込書に記入し、届出印を押す。そして例によって本人確認のための公的書類が必要なのだが、今回の場合、健康保険証があるので何の問題もない。郵送サービスでは同封するのはコピーでよいので、ついでに性別欄をすべてマスキングしてコピーした保険証を送ることにした。申込書の性別欄は当然のごとく空欄である。銀行内部のデータとしては、はてさて性別をどのように登録するのだろうか？

一週間ほど後、郵送されてきた封書の宛名や通帳の表紙には漢字で［小川真彦］様と印字されていたが、カナ書きはもちろん〝オガワマオ〟になっている。キャッシュカードはもとよりカタカナのみなので、これなら他人に見せてもまったく問題はない。振込なども、通常はカナ表記のデータが用いられるので、例えば［小川まお］の名前で就職した際の給与振込口座にするのも大丈夫だろう。また宛名は漢字というのは、読み方を変えたことを家族に知られたくない場合などにはありがたいことでもある。

翌日、さっそく銀行へ出かけ、ＡＴＭで通帳とカードを使って私は悦に入っていた。実際には、昨今は女性の姿で堂々と銀行を利用していた（〝女装初期〟には防犯カメラを気にして女装での利用は避けていた。もっとも男性名の口座の手続きに女性が来ても「奥さんがご主人名義の家の口座の通帳・カードを持ってきた」と思われてしまうので、じつは何も不審ではない）ので、べつに画期的に不便が解消したわけではなかったのだが、やはりキャッシュカードの名前が納得のいくものであることは気持ちよかった。

銀行口座ができたら、次はクレジットカードである。

現在のクレジットカードはもちろん［小川真彦］名義。カード表面には「Mr. Masahiko Ogawa」と刻印されているし、裏にも漢字でサインを入れてしまっている。これはさすがに、キャッシュカードとはちがって、女性の姿では使いづらい。一方、昨今はショッピングといえばほとんどが女性の姿で、買うものだって女物の服などが中心である。耐乏生活ゆえにそんなに高価なものは買わないとはいえ、やはりクレジットカードが使えないことで不便を感じる機会も少なくなかった。それゆえ、堂々と使えるクレジットカードは悲願なのであった。

私は年会費無料につられて、某スーパー系のクレジットカードに申し込むことにした。本人確認の公的書類には、銀行同様性別欄をマスキングした健康保険証のコピーを同封した。代金決済には先日作ったその銀行口座を指定する。今まで［佐倉智美］や［佐倉理美］の名義で、職業は塾講師として何回かクレジットカードを申し込んだことはあるが、すべて審査で却下されていた。やはり調べれば法的に存在しない名前であることなど簡単にわかるのであろう。しかし今回は書類上はまったく不備はない。強いて言えば性別欄を記入していないのと、職業がフリーライター（［小川まお］の名前なので、塾講師として工藤頼子先生の教室を勤務先に書くわけにはいかない）というのがネックなくらいである。

いささか落ち着かないうちに二週間ばかりが過ぎると、無事に新しいクレジットカードが届いた。職業がフリーでもＯＫだったようである。封筒からカードを取り出して見てみると、まちがいなく「Mao Ogawa」と刻印されている。あとは裏面に［小川まお］と名前をカナ書きでサインすればいい。封筒の宛名などは漢字で［真彦］となっているが、この際それは気にしないのはキャッシュカードのときと同じである。

そう思いながら、もういちど刻印されたローマ字を見て私は軽く驚いた。

「あっ」

よく見ると名前の前の「Mr.」がない。一瞬私のための特別の措置かとも思ったが、後に人に尋ねたりしたところでは、どうもこの前年あたりの発行分からすべてこのようになっているようであった。いずれにせよ、これでますます使いやすいのは言うまでもない。またカードで買い物をする際の店側の端末にも、性別や名前の漢字などのデータは特に表示されることはないようである。

すでに十月の声を聞いていた数日後、私は近くのショッピングセンターで、秋物のミニスカートに似合いそうな靴を見つけた。かわいいカジュアルローファーである。サイズは二四・五までしかなかったが、それでも足に合わせてみるとそんなに無理なく履くことができた。値札は三九〇〇円となっていたが、店の張り紙によるとただ今一〇%引きセール中らしい。これは買いである。そうしてこれが、[小川まお]としてのクレジットカード初使用となった。

以後クレジットカードは機会あるごとに利用している。インターネットショッピングにも使えるし、その際ショッピングサイトの会員登録を「女」でしていても、決済には差し支えないようである。

ちょうど十二月に東京に行く機会があったので、(いつもは新幹線に乗るのだが)飛行機をチケットレス予約するのにも挑戦した。事前にインターネットで予約し、当日空港でクレジットカードを使って搭乗手続きするのである。空港の自動チェックイン機にクレジットカードを通すと、無事に搭乗券を手にすることができた。

飛行機の券はJRのチケットなどと異なり、なぜか年齢や性別が記載されるのだが、国内線にはパスポートなど要らないのだから、本人の申告どおりでかまわない。その搭乗券の場合「小川まお様、三十七歳、女」となっていた。

搭乗口のセキュリティチェックは、九月にアメリカで起きた同時多発テロ事件のせいで、がぜん厳しくなっていた。金属探知機の手前の係官からは、搭乗券を見せるように指示された。搭乗券を渡すと係官は毅然とした口調で言う。

「お名前を言ってください」

ここで言い澱んだりすると、テロリストの可能性を疑われてしまうのだろうか。しかしすでに私は言い慣れていた。

「小川まおです」

「……ありがとうございます、どうぞ」

続く金属探知機などを通過しながら、私は頭の中で反芻した。

「そう、私は〝まお〟だもん……」

ほどなく「〝まお〟ちゃん」を乗せた飛行機は、東京へと向けて飛び立った。

パスポートでレンタル会員になるには

二〇〇二年に入っても、クレジットカードの使用は順調だった。その他、名前のフリガナを変えたことによる、心理的な満足感は引き続き大きい。ただ、やはりフリガナの変更であり、戸籍の漢字表記自体が変わったわけではないので、健康保険証にしても住民票にしても、女性として通すときには依然使えなかった。なんとか［小川まお］表記で、何か身分証明に使えるものはできないものだろうか。

そんなある日、私は引き出しの整理をしていた。古い会員証や診察券の類が入った一角を発掘すると、中学生のときに取得したアマチュア無線の免許証が出てきた。開いてみると写真はさすがに若い（というより幼くあどけない）。が、数年前に塾の教室長をしていたころの写真がいかにも責任ある地位にある男性っぽく写っているのにくらべると、むしろ現在の私に近いとも言える。そして写真の下の氏名欄は、なんと免許証が交付されてから自分で記入するようになっていた。近年の発行分がどうなっているのかは知らないが、少なくともこの形式ならどんな名前でも記入のし放題ではないか。あまり一般的ではないが、このアマチュア無線の免許証は正式には「無線従事者免許証」と呼ばれるものの一種で、れっきとした日本国政府発行の証明書なのである。パスポートを申請する際の身元確認書類としてこれを使うこともできるくらいである。むろんこの免許証を取得した時点で今日のことが予期できたはずもなく、すでに［小川真彦］とボールペンで書き入れてあるので、今さらどうしようもなかった。

パスポートといえば、赤い大判の旧様式パスポートも出てきた。十年と少々前、シンガポールやタイ・韓国などを旅行したときのものであった。高校で地理の講師をしていた当時は、海外旅行へのモチベーションも高かったのだが、その後は機会がなく、パスポートもすでに有効期間が過ぎて久しかった。こちらの写真は背広にネクタイがまだういういしい社会人一年生といった趣である。そして写真の横の署名欄を見て、私はハッとした。

「……これも手書きやん」

そう、パスポートの写真の横に日本語でするサイン。これも交付されてから各自が自分でするようになっている。あらかじめ印字されている名前はと言えば、海外に持って行くものだけにローマ字表記である。

これは使える!!

私はさっそく、海外旅行に行く予定もないのに、パスポート取得を申請することにした。

まずは必要書類を揃えねばならない。

写真は手近な証明写真機で撮影した。もちろん女性の姿である。パスポートの写真は本人であることを証明するものなので、普段している格好が望ましい。無理に戸籍上の性別と一致した写真にするほうが、トラブルの元であったりもする。

次に市役所で住民票と戸籍抄本を請求した。住民票は以前も交付を受けた通りだったが、戸籍抄本を取ることなど久しぶりである。高校生のときに原付の免許を取ったとき以来だろうか。結婚して新しい戸籍になってからは初めてということになる。コンピューター化されていてすぐにプリントアウトできる住民票とちがって、十分ほど待たされた後、ようやく戸籍抄本が出来上がってきた。

「小川まお様」

係の人はソツなく正しい読み方で名前を呼んでくれる。私は受け取った戸籍抄本の内容を念のため確認した。名前、本籍地などまちがいはないようである。私は戸籍抄本をカバンにしまおうとした。が、ふともう一度書面に目を戻した。そして衝撃の事実に気がついた。

「あぁっ」

不勉強だった。迂闊だった。そうか、そーだったのか。

私は知ってしまった。そう、戸籍には、性別欄なんていうものはなかったのである。

一般に「戸籍の性別問題」と言うとき、私たちは［性別・男］とか［性別・女］といった〝性別欄〟を思い浮かべがちである。しかし、じつは戸籍のどこをどう探しても、そんな欄は存在しない。強いて言えば、親との続柄の欄に記載されている「長男」とか「長女」などのデータ。これによって性別が推測できると言えなくはない。そして現実には、その記載こそが「戸籍上の性別」と呼ばれるものの正体に他ならない。しかし「長男」や「長女」は、あくまでも親との続柄に関する記述に過ぎないのであって、本人の〝性別〟を直接的に明示しているわけではない。戸籍では他にも「妻」とか「夫」といった記載もあるが、これも配偶者との関係を示しているに過ぎず、本人の〝性別〟を直接は表していない。戸籍には性別欄はないという事実。これは見落とされがちな、重要なポイントかもしれない。

名前のフリガナは戸籍には記載がなく、住民票の独自データであった。そして変更は、市役所で届けを出すだけで、いとも簡単に可能だった。性別もまた戸籍には直接の記載がないのであれば、［性別・男］とか［性別・女］といった住民票の〝性別欄〟は、名前のフリガナと同様に住民票の独自データであり、市役所の独自の判断で変更できるということにはならないだろうか。

そうは言っても、市役所がそんなに簡単に応じてくれそうにはない。私はまずは当座の課題から片付けるべく、パスポートセンターを訪れた。

記載台でまずは申請用紙に記入である。以前のパスポートの時代と異なり、このときすでに偽造対策などの理由で新様式となっていたパスポートのサインは、発行されたものを受け取ってから手書きするのではなく、申請用紙に書き入れたものがデジタル処理であらかじめ転写されたものが発行されるようになっていた（ちなみに写真も同様にデジタル転写になっている）ので、私は当該欄に［小川まお］とサインを入れた。これはあくまでもサインなので、戸籍の漢字のとおりでなくていいのは手書き時代と変わらない。仮に窓口で何か言われても住民票に記載された正式なフリガナに基づいているのだから最終的には文句はないはずだ。もちろんこれとは別の欄には漢字での署名もしている。

「ひらがな書きがダメなんやったら、小学一年生のテストは全部無効やん」

私は心の中でそううそぶきながら、受付に書類一式を差し出した。最初の受付では必要書類がすべて問題なく揃っているかがあらためられる。係の女性はしばらく書類を確かめた後、怪訝そうに尋ねてきた。

「あのー、この〝まお〟様ご自身の戸籍抄本は……」

来た来た。

「これがそうですが」

私は身を乗り出して「小川真彦」の戸籍抄本を指さした。係の女性は三秒ほど各書類を見比べた。

「あっ、おぉ！　……それではあちらの窓口にお進みください」

事情を納得した後は特に咎められることもない。そもそもこういう場所には見た目の性別と書類の性別の一致しない人が来るなど、日常茶飯事なのではないだろうか。

次のカウンターでは申請用紙の記入内容などがチェックされる。サインがカナ書きなのは、やはり問題にはならないようだ。が、最後に係の人は性別欄に確認を入れてきた。じつは今回、ものは試しで「女」のほうに印をつけてみたのだ。

「えーと性別は、男性です……ね？」

係の視線の先には戸籍抄本がある。私はさっそく言ってみた。

「いや、これはあくまでも親との続柄なのであって、性別とは関係ないんじゃないでしょうか」

「いやぁ、それはねぇ……」

今度は住民票の性別欄を見ている。そこはたしかに「男」となっているので、それをなんとかしていない現在、分が悪いのはまちがいない。が、せっかくなのでこの際もう少しゴネてみるのも一興だろう。

「でも海外では問題になることも多いんだから、ここはひとつなんとかしてもらわないと困ります！」

これは実際、トランスジェンダーや同性愛者がしばしば殺されたりする国のことや、出入国審査でのトラブルの話などは、よく耳にするところである。

「うーん」

係の人はしばらく困った後、私を別室に案内した。そして、上司らしい人がほどなく登場した。

「いやーどうもどうも。そんな気にすることないですよ、最近は性同一性障害の人もめずらしくないですしねー。人間はみな多様なんです。ひとりひとりちがうんですよ。障害者というなら、誰もがみんな障害者なんですよ」

「……そ、そうですよねぇ」

いきなり「性同一性障害」という語がこともなげに出てきて、私は面食らった。だいいちこれは日ごろ私が講演で人に言っているようなことである。もっとも、それなら性別の変更くらいしてくれてもよさそうなものだが、世の中そこまでは甘くない。

「でもねー、性別欄はどうしても戸籍の通りにしかできないんですよ。一度登録されると、こればかりはどうにもならんのですワ」

一度登録されるとって、ワシらはジャイアントロボのコントローラーかいっ⁉

思わずそんなツッコミを入れたくなったが、この人がそれなりに誠実に応対しているのは理解できた。恨むべくはパスポートセンターの職員がすでにここまでさばけた意識を持っている時代になっても、いまだに硬直している制度のほうである。いわば、各国の入国ゲートで、見た目の性別と反対の性別が書かれたパスポートを見せて恥ずかしいのは私ではなく、外国にまでその性別で行くくらい、その性別で無理なく自然に日常を暮らしている人のパスポートの性別欄を、かたくなに変えようとはしない日本政府の行政姿勢のほうなのだ。

ともあれ、今回の目標は性別欄ではなく、まずは名前のほうである。とりあえず私は書類を受理してもらうと、パスポートセンターを後にした。パスポートは即日交付ではないので、後日あらためて受領に来るのだ。


若干の日数を要した後、パスポートセンターを再訪した私は、無事に新しいパスポートを受け取ることとなった。名前はまちがいなく申請用紙にサインした「小川まお」がそのまま転写されている。また印字された氏名はローマ字表記。写真も最近撮影したものなので、これは女性のパスポートとして、一見した限りではまったく不自然ではないものになっていた。唯一、性別欄の「M」の文字を除いては。

それでもアルファベットで「M」だけ（ちなみに旧様式のパスポートでは「MALE」と略さず記されていた。余談だが旧様式にあった身長欄は、本人性の確認という点では相当に有効なはずなのに、新様式ではなくなったのはなぜなのだろう）なので、健康保険証や住民票のように「男」と漢字で書いてあるよりは、ずいぶんと気が楽である。やはり中国四千年の文明の叡知が集まった表意文字・漢字からは独特のオーラが出ているのに対し、アルファベットはそれほどでもない。うまくいけば見過ごされてしまうことも可能かもしれない。

翌日私は、家から二番目に近いレンタルビデオ屋を訪れた。いちばん近い店は、すでに相方の会員証を借りてよく行っているので、そこことは別の店を選んだのだ。適当なビデオとCDをみつくろってカウンターに持っていき、初めてである旨を店員に伝えると、入会申込書に記入するように請われた。氏名欄は「小川まお」、性別欄は空欄にして差し出すと、店員は身分証を何か見せるようにと言う。

「パスポートでいいですか？」

私は日本国政府発行のパスポートを、おもむろに取り出した。日本人で、レンタル会員になるときの身分証にパスポートを使う奴なんて、他にいるのだろうか。じつはパスポートは、住所欄もあらかじめ印字されていない。しかもサインや写真のようにデジタル転写もされず、受領後に各自が手書きする方法が続いている。だからレンタルショップとしては、あまりありがたくないのかもしれない。場合によっては、住所も記載された他の身分証などを要求される可能性もある。そういう意味では、このような場面で使う身分証としては、やはり運転免許証がベストなのだろう。

幸い、このときの店員は手書きの住所欄を確認後、こう尋ねただけだった。

「ご住所の変更はございませんか」

「あ、はい、ないです」

店員がしばしキーボードをたたくと、会員証はめでたく発行となった。性別データは、直前に申込書に何か勝手にマルをされていたので、どうやら見た目に合わせて「女性」になっているようだ。おそらくは見た目が先入観となって、性別欄の「M」の字などは気に留められないのだろう。念のため、レディース割引の日である水曜日に一度また来てみるのもいいかもしれない。

こうして私は、ついに「自分の名前」でレンタル会員になることができた。思えばトランスジェンダーにあって、公的書類が使えないという問題は、たかだかレンタルショップの会員証を作るというたわいのない行為をも制限しているわけだ。これはある意味、健康保険証など以上に、重大かつ深刻な問題なのではないだろうか。

私は普通に使える公的身分証をようやく手に入れた喜びを再確認しながら、レンタル店を後にした。

運転免許センターとケンカするには

二〇〇二年の誕生日は、運転免許証の更新にも当たっていた。パスポートが前述のとおりとなったので、免許証もこの機会になんとかしたいところである。

一般には意外と知られていないことだが、運転免許証には性別欄がない。だから名前さえなんとかなれば、トランスジェンダーにとっては大変ありがたい身分証明書となる。戸籍名が変更ずみの人なら、もはやほとんどノープロブレムであろう。そうでなくても、免許証のコピーを同封すればいいような場合なら、名前の最後の［子］や［彦］を修正液で消してコピーするという裏技があるという噂も、まことしやかにささやかれがちである。しかし、私のように名前のフリガナを変更したケースで、パスポートのサインのように氏名欄をカナ書きにするというのは、免許証ではしてもらえるのだろうか。

更新案内の通知はがきが届くころ、私は運転免許センターに電話して尋ねてみた。

「あのー、免許証の氏名の変更についてお聞きしたいのですが……」

「はいはい、どうぞ」

「えーとですね……」

とはいうものの、こんな場合事情をどのように説明したらよいのだろう。考えをめぐらせた末、時の小泉内閣の外務大臣・川口順子氏を引き合いに出すことにした。「順子」というともっともメジャーな読み方は「じゅんこ」であるが、この川口外務大臣の場合は「よりこ」と読む。小泉内閣が発行するメールマガジン内でも「外務大臣の川口順子（よりこ）です」などと書いてある。

「……で、この川口外務大臣が本当は「よりこ」なのに、しょっちゅう「じゅんこ」と読まれるのにいいかげん嫌気が差したりした場合、免許証の名前を「川口より子」としてもらうようなことは可能なんでしょうか」

なんとか説明すると、回答は意外にもあっさりしていた。

「あぁ、それはー、できます。書類さえそうなっていれば」

「本当ですか!?　じゃぁ住民票か何かを持っていったらいいですね」

「そうです。氏名変更の場合は住民票などが必要です」

世の中けっこう甘いではないか。私は大いに期待に胸をふくらませた。

数日後、私は入念に化粧すると（運転免許センターでの更新手続きでは、写真を直接その場で撮影して免許証に焼き込むシステムになっているので、写真映りをつい気にしてしまうのが女心である）、京阪電車に乗って門真の運転免許センターに向かった。

ちなみに、女性の姿で更新手続きに行くこと自体は、この三年前の更新時にすでに挑戦ずみであった。そのさらに三年前の免許証といえば、例の「いかにも責任ある地位にある男性」のような写真のもので、当時すでにまったくの別人の状態。もしも交通違反で捕まったりすれば、他人の免許証で運転していると思われてもおかしくはないくらいだった（つまりちょうどその免許証の期間中に、男性から女性へと私は性別を移行したことになる）。やはり免許証の写真は、普段運転するときの姿であるのが望ましい。

というわけで三年前の課題は「写真」だったのだが、しっかり化粧し、服装もことさらにスカートをはいて行った私に対し、運転免許センターの職員の人々は誰もがいたって平静であった。私としてはまたホームページのネタにでもするべく、「そのとき受付の人が書類と私の顔を見くらべてギョッとした」とか「視力検査の係員の手が一瞬止まった」などを期待（？）していたのに、なんとも拍子抜けだったものだ。また、名前を呼ばれるときも、男性らしい名前を呼ばれて立ち上がった人がキレイな女の人だ、ということがないように、男女織り交ぜて何人かまとめて呼ぶようになっているらしい。

おそらくはここでも、トランスジェンダーが更新にやってくることなど珍しくないのだろう。それだけに手慣れた対応だし、もしかしたら早くから研修などで取り上げているのかもしれないとも思えた。

三年前がそんなだったので、今回もはや私は堂々と女性として運転免許センターの門をくぐった。ましてや今回は名前も［まお］である。何を遠慮することがあるだろう。私は必要書類の記入も終えて、軽やかな足取りで手続きを進めていった。

心配された視力検査も見事眼鏡ナシで通り、いよいよ最終受付というカウンターで、しかし待ったがかかった。

「えぇーっと、お名前は［真彦］さんですよね」

「そうです、そう書いて［まお］と読むんですけど、まちがえられやすいのでひらがな表記にしたいんです」

「あー、それはできません。お名前は戸籍のとおりでないとダメなんです。フリガナのデータのほうは直しておくようにさせていただきますが、免許証には漢字のほうしか出ないんですよ」

「そんなバカな、この前電話で聞いたときにはできるっていう答えでしたよ！　川口外務大臣まで引き合いに出して説明しましたっ」

「それは状況を誤認していたのでしょう。戸籍の名前自体が変わりましたら、また来てください」

「それじゃ困ります、ほらパスポートでもこうなってるでしょう。パスポートでできることが、どうして免許証でできないんですかっ⁉」

「それはそれ、これはこれです」

念のため持参したパスポートを片手に、十数分ほど押し問答を続けたが、結局できないものはできないようであった。悔しさで私は、しばし忿懣やるかたなかった。

安全講習という名のありがたいお説教が終わり、いよいよ新しい免許証が手渡される段になって、その免許証手渡しの担当の人からエクスキューズがあった。

「免許証にはフリガナ欄がございませんので、読みの難しいお名前の方はまちがえてお呼びするかもしれませんが、ひとつ悪しからずご了承を……」

私はそれを聞いて、いささかプチっとくると同時に「コレだ!!」と思った。ひと暴れするならこしかない。

「そもそも漢字が読みにくいからカナ書きにしほしいと頼んだのに、出来ないって言うたんはそっちやろ！　そのせいで我々は今日この免許証持って帰ったら、この先三年間ずっと名前を読みまちがえられ続けるんや。せめてココの中ではまちがえへんようにする責任があるんちゃうんか!?　読みにくい名前には付箋にフリガナをメモしてそばに貼っておくぐらい努力したらどないやねん!!」

よし。これだな。

私は素早く頭の中で台本を書くと、「オガワマサヒコさん」と呼ばれるのを今か今かと待ち構えた。そして講習会場の半分ほどの人がすでに自分の免許証を受け取ったころ、ついに私の名前も呼ばれた。

「オガワマオさん」

「あ、ハイ」

ちょ、ちょっと待て。なんでやねん。

私は出ばなをくじかれつつ、少し感心した。免許証の受け取りぎわ、そっとのぞき込むと、読みにくい名前のそばには付箋にフリガナをメモして貼ってあった。

ようするにここでも職員の人たちはできるだけの配慮をしているのだが、規則のほうが柔軟な対応を阻んでいるのだろう。こうして、普段の身分証として使える免許証は、今回は残念ながら見送りとなってしまった。

なお普段の身分証として使えない免許証は、多少不便だが使わなければよい。他の代替手段（例えばパスポートを使うとか）を何か工夫してみるのだ。運転免許証を他人に見せることを拒否できない場合といえば、それこそ交通違反で捕まったときくらいであろう。その場合、見せる相手は守秘義務のある公務員である警察官。しかも警察官もその仕事をながらく続けていれば、性別を変えて生きている人など一度ならず遭遇している。変に気にせず、堂々と免許証を見せればいい。微妙なのはレンタカーを借りるときだが、これはまた今後の課題としたい。

保育園で「お母さん」と呼ばれるには

話は少し戻るが、二〇〇一年の夏が過ぎると、わが娘、満咲もすっかり二歳児。ときにはいろいろなやんちゃもしでかすくらいに成長した。そんな折、相方が某専門職としてパートで働くことになった。そこで問題となるのが、保育園（正式には「保育所」、以下同じ）である。本来はどこの保育園がいいかなども検討したいところだが、特にこのような年度途中での入所希望となると、選択の余地は無いに等しいらしい。はたして空きのある保育園はあるのだろうか？

たまたまの都合で、市役所への手続きには私が行くことになった。保育課のカウンターで聞いてみると、ちょうど家からほど近い保育園に空きがあるという。これはなかなかラッキーな偶然らしい。携帯電話で相方と相談の末、そのまま申し込むことにした。

「それではお母さん、こちらの書類に記入いただきまして……」

どうやら私がお母さんだと思われているようである。それはそうだろう。市役所に来るときは、もうバッチリ女性の格好なのだ（せっかく駅前まで出かけてくるのだから帰りに服や化粧品など買い物して帰るのにも、そのほうが都合がいい）。おもしろいのであえて訂正せずに、私は手続きを進めた。

「それからこちらの〝しおり〟にも書いてありますとおり、所得の証明書と労働の証明書ですね、お母さんの分とあとご主人の分、両方とも近日中に提出をお願いします」

この労働の証明書というのが曲者で、私の場合は「父親の分」を用意しなくてはいけないのだが、それをまさか塾のほうで書いてもらうよう頼むわけにはいかない。ここは自営業・フリーライターとして自分で書くしかない。ただ社会通念として「父親は働いていて当たり前」というのがあるせいか、この父親分の労働証明はチェックがけっこう甘いという説もある。その点、母親分は虚偽の申請がないように厳しく審査され、場合によっては職場へ市職員が本当に働いているかどうか調査に行くこともある。「男は仕事・女は家事」という性別役割意識が、こんなところにもひそかに反映しているのだろう。ただ今回のウチの場合、相方は本当にそこで働くので、その点は問題なかった。

「それでは保育園には連絡しておきますので、明日以降、先方へ直接細かい点の打ち合わせに行ってもらえますでしょうか」

「あ、はい、わかりました」

というわけで翌日アポを取った上、私と相方は満咲を連れて保育園を訪れた。日々の送り迎えは私と相方で分担しておこなう予定なので、打ち合わせには私も行っておきたい。が、今回は書類もからむことなので、父親として行かねばなるまい。よって私は、この日は〃バッチリ女性〃ではなく、例の「どっちにでも見える」格好である。

「ようこそいらっしゃいました」

「どうぞよろしくお願いします」

応対に出た園長先生に対し、先に母親然とふるまったのが相方のほうだったので、園長先生は私が何者なのかが気になったようだ。

「そちらの方はお友達ですか」

おいおい、そりゃあんまりだ。

「いぇ、家族なんですが……」

私が抗弁すると、しかしもっとあんまりなリアクションが返ってきた。

「……あ、お祖母さまでしたか。お若いのでわかりませんでした」

「………………」

ここまで言われてしまうと私も「伯母です」という設定にしたがった訂正も、ましてや「父です」と真実を告げるのも、気力が失せてしまった。

続いて担任となる保育士の先生と具体的な打ち合わせとなった。いわゆる幼稚園の年少組以上の年齢になれば、こうした作業もかなり大ざっぱですむのだが、まだまだこのときの満咲の年齢では、こうした面談が不可欠だし、入所後の日々の連絡も濃密である。この担任の先生は、話を進めるうちに私を「どうやらこの人は父親らしい」と認識したようであった。


保育園に入った後の満咲は、ほどなく慣れて、毎日ごきげんで通うようになった。先生やクラスのみんなといっしょに家ではできないような遊びをするのも楽しいようであった。

保育園に満咲を送り迎えする際、まわりを見てみると、同じように子どもを送り迎えしているのは、やはり圧倒的に母親が多かった。送り迎えを担当する意欲に乏しい、あるいは意欲はあっても時間の取れない男性は、どうしても多いのだろうか。

だがよく見ると、少数派ながら送り迎えを担当しているお父さんの姿も散見された。ただそんな男性陣こそが〝お父さん〟なのだとしたら、私の姿形はどう見てもそれとは異質であった。いくらことさらに女性っぽくしていなくても、フツーの男性とは明らかに別の位相にある。私自身、気持ちの上では他のお母さん方と同化したりもしていた。

朝の登園ホール担当の保育士の先生からは、しばらくの間「じゃぁミサキちゃん、お母さんとバイバイしよっか」などと言われたものである。そのうち私のことはブラックリストに載って（？）

職員の間で周知徹底されたのか「お父さん」に順次切り替わっていったが、たまに新しい非常勤の先生が来たりすると、またまた「お母さん」となる。どうも必殺「どっちにでも見える」格好も、そろそろ男性に見えるのがかなり難しくなっているようだ。

お迎えは通常、各クラスの部屋に直接迎えに行く。そのため何度か迎えに行くうちに、他の子どもたちとも顔なじみになってくる。そしてそのうち私が迎えに行くと、気を利かせて対応してくれるようになる。

「ミサちゃーん！　ママが迎えに来たヨーっ」

相方が迎えに行く日も多いので「ミサちゃんにはママが二人」ということになってしまうはずなのだが、子どもたちはさほど不自然に感じないようである。あるいは相方が「ママ」で私が「お母さん」という区別の時期もあった。ともあれ二歳児の持つ通念に照らして、私のような外見の人間が〝お父さん〟であることのほうが、むしろ理解できないということなのだろう。

思えば、子どもにはお父さんとお母さんがいて、お父さんは男の人・お母さんは女の人、というのも結婚という名の制度である。そうではないパターンも〝結婚〟として認めることが、本当はもっと広く受け入れられるべきなのだろう。

第6章　女子大生になる日

同窓会報の春

二〇〇二年初頭、私のインターネットのウェブサイト「佐倉ジェンダー研究所」のアクセスカウンターは、やたらハイペースで上がっていた。これは前年秋から放映されていたテレビドラマ『3年B組金八先生』の〝第6シリーズ〟と呼ばれるものを見て関心を持った人が、多数アクセスしてきたことが大きいようであった。なんとドラマの中で「性同一性障害」がとりあげられ、〝男になりたいと言う女子生徒〟をめぐるエピソードが物語の主軸のひとつに据えられていたのである。このような人気シリーズで、この問題が扱われるとは、時代も進んだものだという感が否めない。

そんなおり、パソコンに謎の電子メールが届いた。開いてみると、「競艇ファンのためのサイトを運営している者です。リンクさせてください」とある。

「はぁ、競艇？」

どうして競艇ファンが「ジェンダー研究所」にリンクを？　競艇に関するコンテンツなどないし、

むしろギャンブルには批判的なスタンスのサイトだと言えなくもないのに……。しかも同じ日、競艇のファンという人たちからのメールは他にもいくつか来たのだ。いったいなぜ。にわかには理由の思い浮かばない私が、今朝の新聞の見出しに思い至るまでには、数分を要した。朝刊にはたしか「男の再出発」とかいう見出しがあった。私は「ずいぶんと浪花節な言い回しやナ、あほらし」と中身を読まずじまいだったのだが、そういえば「男の」が括弧に入って「『男』の」になっていたような気がする。もしかして、そこに何か意味があるのでは。私は新聞を手に取って、記事を見直してみた。

「えぇっ！」

まさかとは思ったが、本当にそうだったとは。「心と体の性の不一致に苦しむ『性同一性障害』と診断され、これを打ち明けた女性競艇選手に、全国モーターボート競走会連合会は28日、選手登録を男性に改め、名前も変更することを認めた……」（朝日新聞より）。この件に関する本人・安藤大将選手の記者会見が、前日にあったらしい。それでこの問題にあらためて関心を持った競艇ファンが多数いたというわけか。

しかし、こんなことが認められるようになるとは、時代は明らかに進んでいる。私は記事の内容をうれしく思った。だいたい「選手登録を男性に改め、名前も変更」というのは、競艇の世界における戸籍を変更するようなものである。そしてそれが問題なくできるのならば、本当の戸籍だって変更ができないはずはないのだ。私は心の中で、この競艇選手にエールを送った。

一方、これと同じころ、ある属性を持った人々には、もうひとつ大量媒体を使った「性同一性障害」についてのトピックが発信されていた。

そう、私の母校・岩船高校の同窓会組織が年一回発行し会員に送付される会報に、私の書いた原稿がついに掲載されたのだ。恩師・安川隆之先生にカミングアウトした際に、同窓会報に寄稿する話は出るには出ていたのだが、正式に原稿を請われるのはしばらく後になり、また会報の編集発行作業も若干遅れたとのことで、ちょうどこの時期になったのである。すでに創立三〇周年を迎えようとしていた岩船高校の卒業生は、ゆうに一万人を越えているので、これはたしかに大量カミングアウトにちがいない。

実際に届いた会報を見てみると、Jリーグでサッカー選手として活躍している卒業生からの寄稿などのとなりに、「女子高生になれなかった男!?・佐倉智美」という見出しが踊っていた。「性同一性障害」についての基本的説明から、自分自身の体験談を高校時代もまじえながら紹介し、じつは岩船高校の卒業生ですというオチ。それでも岩船高校での日々が自分にとって意義のあるものだったという回顧と、だからこそ当時から女子生徒でいられていたならもっと有意義な青春時代だったのに、という悔恨でしめくくられたその文章は、なかなかよくまとまっていると言えなくもない。

しかも写真入りなので、同期生などが見れば「これはマッくんやん!」とまるわかりだったりする。またこのとき使った写真は三重県の四日市大学で特別講義をおこなっていたときのもので、黒板の字もはっきり写っている。特徴のある筆跡なので、教育実習のときの生徒たちもまた「ああっ、小川先生!?」とピンとくるにちがいない。

しかし、それももういいだろう。今さら隠すことではない。現在の自分をみんなに知ってほしいという気持ちのほうが、もはや私には勝っていた。面識のない人たちにも、同じ岩船高校の卒業生にもこういう人がいたんだと思ってもらえるのは意味のあることだ。私は会報を読み返しながら、その内容に満足していた。

★女子高生になれなかった男⁉★

こんにちは。佐倉智美という者です。職業はいちおうフリーライター。どんな文章を書くかというと、だいたい〝ジェンダー&セクシュアリティ〟が専門ということになっています。つまり「性別」とか「性」などといったテーマに関して、時にマジメに、時にお笑い混じりの原稿を書いたりするわけです。例えば今までは『性差は越えられる』とか『育児とキンタマ』なんてのがありました。そうそう、売れていないながら著書もあります。一九九九年に現代書館という出版社から出た『性同一性障害はオモシロイ』というのがソレですね。

「性同一性障害」という言葉は、まだまだ耳新しいかもしれませんが、埼玉医科大学などがいわゆる性転換手術を公式に実施するようになって以来、ときどきニュースなどに流れています。その際の解説では、〝身体の性別と心の性別が一致しない状態〟とか言われることが多いです。まあ、もう少しカンタンに大ざっぱに説明するなら、「男として生まれたけれども女として生活したい」「女に生まれたものの自分には男としての人生のほうが合っている」なんて具合に悩み、場合によっては深刻な葛藤を生ずる状態のことだと言っていいでしょう。従来こうした人たちは、特異な存在として白い目で見られがちだったわけですが、今日では、それも〝障害〟の一種であり、差別することなく社会に受け入れていこうという考え方に変わりつつあります。

で、なぜ私がそんな「性同一性障害」について本が書けるのかというと、それは私自身がその当事者だからなのです。子どものころは男の子だったのですが、男の子どうしの遊び仲間には、うまくなじめませんでした。「オカマ」と言われていじめられたこともあります。女の子だったらよかったのに……。何度もそう思いました。思春期に入ると〝好きになる異性〟が女の子だったので、これは一見フツーなのですが、それが心の性別を基準にすればレズビアンなのだと気づくのはずーっと後のことです。そうして、女の子にモテたいのに、男らしくなくてカッコヨクない自分に、これまた幾度となく悩んだものです。

社会人になってもそんなことをくり返した果てに、私は会社を辞め、そして男もやめました。女になるという野望を実行に移したのです。それはそれでまた大変です。はじめて〝女装〟して外出したころには、道行く人々から指を差してからかわれたこともありました。見た目が問題なくなってきても、公的書類が必要になると、「男」と書かれたものしか用意できないのも不便です。しかし、やはり女性として生活してみると、それが私にとって大変しっくりくるものであることに気づきます。男だったころには決して得られなかった充足感が、今はあるのです。何より対人関係が非常にスムーズになりました。仲のよい同性の（女性の）友人もいます。ちなみに配偶者（やっぱりもちろん女性）と子ども（今のところ女の子）もいます。今では公衆トイレも、足が勝手に女性用に向きます。市役所に住民票だって取りに行きます。すると窓口の人は「ご本人とはどういうご関係で？」などといぶかります。ワシが本人やっちゅーねん！

さて、そんな私が、なぜ今ココにこんな文章を書いているのでしょう⁇　そう、じつは私は岩船高校の卒業生なのでした。○期生なので、一九八一年に入学し、一九八四年の春に卒業しています。それから一九八七年には教育実習にも行ってます。おぉー、それじゃ佐倉智美ってアイツのことかぁ…。えっ、もしかして○○先生⁉　とピンと来る方もおられるやもしれませんが、いちおー当時の本名はナイショにしておきます。

過日、久しぶりに母校の門をくぐる機会があったのですが、やはりとても懐かしく、在学中の様々な出来事を思い出しました。岩船高校での日々は、今でも私の宝であり、生きる糧となっています。先輩後輩、すてきな仲間たち、そして先生方。文化祭や体育祭にクラブの放課後……。いやはや本当にいろんなことがありました。でもそれだけに、あのころからすでに女子生徒でいられていたなら、もっとよかったのになぁ、と、最近は思います。楽しそうな女子高生の集団を見て、ふと心の奥が疼くのは、そんな女子高生になりたかった自分の見果てぬ夢なのかもしれません。

はたしてそれから数日間、岩船高校関係者からの電子メールが少なからず届いた。わざわざメールをくれる人たちだけあって、いずれも好意的な内容である。いわゆる「母校の恥さらし！」のようなものは皆無であった（そう思った人がいないとは限らないが）。なまじ面識があるとかえって声がかけにくいということもあるのか、多くは知らない人からの感心の意や励ましであったが、中には在学中の知人の名前もあった。

そんなある日、私はダウンロードしたメールの件名を見て、パソコンの前で一瞬固まった。「サコで〜す！」とあるそのメールの送信元アドレスにこそ見覚えはなかったが、「サコ」といえば……。私の頭の中で記憶がグルグルと回りはじめた。

何かと悩みの多かった二年生のとき相談に乗ってもらったり、元気づけてもらったこと。新入部員を獲得しないと廃部の危機だった三年生の春、ともに苦労したこと。そして謎のなごり惜しさを胸に抱えたまま、二人で下校した卒業式の前日……。

そう。岩船高校在学中に仲のよかった女子生徒で、同じ放送部で活動した、あの瓜野幸子に他ならない。

幸子とは卒業後もしばらくの間、年賀状のやり取りなどはしていたものの、数年前に幸子が結婚したのを期に、連絡は途絶えていた。旦那さんがいる家に男名前で年賀状を出すのがはばかられるというのもあった。在学中は親しくしていたのに、いわば異性であるがゆえに疎遠になってしまったのだ。私が元から女だったなら、幸子とは今も「高校時代からの親友」でいられたかもしれないし、そもそも在学中も、もっと心おきなく友情を育めたにちがいない。そういう意味で瓜野幸子は、私が岩船高校時代に女子生徒でなかったことによる悔恨の、象徴的存在だったと言えるかもしれない。

私は懐かしい気持ちでメールを開いてみた。

「同窓会報見ました。放送部でいっしょだった〝マッくん〟でしょ⁉」

ご明察！

早速返事を書いて送信しながら、親しかった同級生の中で、このようにメールをくれるのが幸子であることに、私は妙に納得しつつ、感慨を覚えるのであった。

「女どうし」の再会

五月の連休が明けてしばらくした平日、私と瓜野幸子の再会の日がやってきた。あれから何度かメールを交換した末、一度会ってお昼ごはんでもいっしょに食べようということになったのだ。平日のお昼なのは、自由業かつ塾講師の私が都合をつけやすい時間は満咲が保育園に行っている日中であり、すでに三児の母となっていた幸子のほうも事情は同様だったからである。

私は朝からやや緊張していた。

いよいよ幸子と「女どうし」の友達になれる。失われた青春が戻ってくる……。

そんな思いが、私を少し興奮させていたのだ。

私は待ち合わせの市立総合勤労者会館に、若干早めに到着した。ここのレストランのランナがなかなかイケるのは、あの市の男女共同参画情報誌の編集をしていたとき以来体験済みだったし、二人がクルマでおち会うのにちょうどいい位置にあったのだ。

私は二階ロビーへの階段をいそいそと上った。幸子はもう来ているのだろうか。と、柱の影にそれらしい人影がたたずんでいた。私が歩み寄ろうとすると、人影はおもむろに振り向いて私に気づいた。軽く片手を挙げ、微笑みかけてくる。幸子だった。

「やぁ………。わかった？」

「わかるよ、そりゃ……」

予備知識なく街でいきなり出くわしたのなら気づかないだろうけど、今回はちゃんと待ち合わせしているのだから、たとえ私の性別が昔とちがっていてもわからないはずはない、とのことである。

「久しぶりやね」

「元気そうやね」

幸子もまた、相応に年齢は重ねていたものの、昔と変わらない雰囲気だった。二人はたわいのない言葉を交わしながら、昼時を待たずにレストランの席に陣取った。

「最初はビックリしたワ、こんな人もおんねんなぁと思って読んでて、ふっと写真見たら、んーっ、これはマッくんや!!……」

「いやー、ハハハ」

こうして二人は、昔話から最近の子育て談義まで、さまざまな話題でもりあがった。それはまさしく、まるっきり〝女どうし〟のランチタイムであった。楽しいひとときは、気がつくとまるまる二時間以上続いていた。

レストランを出ると、たまたま通りかかった中島彰子ちゃんとバッタリ出くわした。彰子ちゃんはあれ以来、この総合勤労者会館の中にある男女共同参画センターでスタッフをしているので、いわば必然的な偶然である。

「わー佐倉さん、久しぶりー！」

「あっ、この前メールで頼まれてたファックス、まだ送ってないワ、ゴメン」

「あぁ、まだ大丈夫ヨ」

じつは来たる七月にある市民講座の企画を彰子ちゃんが担当していて、私は講師のひとりを務めることを頼まれていたのだ。

「えーと、こちら中島さんといって……」

私は幸子に、彰子ちゃんが何者か、簡単に説明した。続いて彰子ちゃんに幸子を紹介する。

「んーと、高校時代の同級生で……」

「えっ、高校時代のって……」

それってカミングアウトしたってこと⁇　と言いたげな彰子ちゃんはやや驚嘆の表情である。一方、幸子にとっては、彰子ちゃんが私にハナっから「佐倉さん」として出会っていることが、少し不思議な感じがするようであった。

塾講師の仕事を終えて帰宅した私は、今日の幸子との再会の余韻を反芻した。

男子生徒として過ごした高校時代の友人に、今、女どうしとして会う。それはたいそう画期的な出来事のはずであった。しかし、出かける前に緊張を感じるまでしていたわりには、一日の終わりになってみるといまひとつその実感がわかない。どうしてだろう？

考えた末、思い至った。冷静にふりかえれば、幸子とは高校時代にすでに、今日のような感じで接していた。なんのことはない、私と幸子は当時からすでに〝女どうし〟の友達だったのだ。

少し拍子抜けしたが、しかしそれもまた胸に心地よい感触であった。


その後、瓜野幸子とはときどき連絡を取り合うようになった。夏には幸子の友人で私とも親しかった大原暢代も交えて、三人で会うことになった。引っ越しで遠方に行ってしまった暢代が、たまたま夏休みに大阪へやってきた機会であった。まだ独身という暢代は妙に垢ぬけた様子で、むしろ高校時代よりも若々しく見える。そして席上、暢代はこんなことを言い出した。

「私、高校のころって、じつはちょっと対人恐怖症みたいな感じやってん」

「えぇっ本当に⁉　ぜんぜんそんなふうには見えへんかったけど。むしろ飄々として、何でもソツなくこなしてるような……」

「それだけ自分を隠してたんやろな。特に男子がアカンかってん。男の子が怖いってのかな」

「…………」

「でも小川クンだけは大丈夫やったなぁ。小川クンはなんかホンワカしていて、いっしょにいるとホッとするってゆーか……」

「……ううーん」

「今に言う〝癒し系〟やな」

「ププッ」

〝癒し系〟のところで幸子がウケた。「男性」に対して〝癒し系〟というのは、たしかに初めて聞いたような気がする。

そうか。当時の私は暢代にとって「癒し系の男」だったのか。

そういう意味では、じつは女性である私が男子としてそこに存在していた意義があったと言えるのかもしれなかった。

暢代とは気軽に話せる仲ではあったが、まさかそんな影響を自分が与えていたとは、今日まで思いも寄らなかった。私の人間関係は当時からすでに、そんなふうに女性との相互作用を伴っていたのだ。

さよなら佐倉理美

二〇〇二年の五月から六月にかけて、私はがぜん多忙になっていた。

いよいよ新著書『女が少年だったころ』の出版が迫ったというのもある。加えて偶然にも、講演や原稿の依頼やらが数件重なってしまったのだ。仕事のないときはまったくないこともあるのに、いやはや自由業とは言葉で言うほど自由ではないものである。私は時ならぬ準備・執筆に追われる日々を過ごすこととなった。

そうなると負担になってくるのが塾講師の仕事である。仕事の内容自体は続けたいものであるものの、週に四回、一日あたり数時間の拘束は、やはりキツい。おりしも工藤頼子先生の教室も不況と少子化のあおりで生徒は減少傾向で、曜日によってはかなりヒマな時間帯も生じているところだった。

どうしよう、今月だけでも手の余りがちな曜日は休ませてもらえるよう頼んでみようか……。

さらには私としては［佐倉理美］をそろそろやめたいというのもあった。これはもともとトランスジェンダーであることを隠して働く際の偽名として作った名前だったのだが、二冊目の著書も出ようかという今日、〝佐倉○美〟ではイコール佐倉智美だと言っているようなものである。むしろ今なら本名である［小川まお］のほうが、偽名として適格である。

「………………」

やはり、そろそろこの教室での勤務も潮時だろうか。いったん辞職して、どこか別の塾にでも［小川まお］で再就職するのも悪くない。しかし不況や年齢的なことも勘案すると、再就職は必ずしも簡単ではなかろう。今の職場がそれなりに居心地がよく、転職のモチベーションは決して高くないというのもある。信頼され仕事を任されているところへ、突然「辞めます」と言い出すのも心苦しい。はてさて、どうしたものか……。


迷いつつも、時間のない毎日がひとしきり過ぎたころだった。ある日の勤務終了後、私は工藤頼子先生に呼び止められた。

「佐倉さん、ちょっといいかしら」

「はい……？」

なにやらただならぬ気配に、私はいぶかしい思いと同時に、どこか予感のようなものが走った。

「この前、本部のほうのフリーダイヤルに佐倉先生が厳しすぎるというクレームの電話が、ある保護者の方から入ったそうなのよ」

こ、これはもしかして……

「私は佐倉さんはよくやってくれているとは思うんだけど、そういうこともあったことだし、どうかしら、すこし休養してみるのもいいんじゃないかな」

リストラ⁉

私が「厳しすぎる」というのは、根拠のあるようなないような話であった。まわりに迷惑をかける生徒は叱りとばしたりしていたし、やる気を出せばできるのにやる気を出さない生徒には強い態度に出ることもあった。そのあたりをもって「佐倉先生って男みたいな性格」と思われているフシはないではなかったが、「厳しすぎる」というのは言い掛かりのような気がする。いくら塾はサービス業で生徒はお客様でも、生徒に迎合ばかりしていては教育として成り立たない。

やはり真相は生徒の減少に合わせた人件費削減ということなのだろう。誰に辞めてもらうかということになった際、たまたまちょうどそういう電話があった私に白羽の矢が立ったということか。したがって当初心配していたような「男だとバレてクビ」ということではないと考えてよさそうであった。むろん真相の深い部分は知る由もなかったが。

いずれにせよ、こっちが辞めようかどうしようかと考えていたところへ、向こうからリストラの勧奨があるというのは、いわば渡りに船である。退職金というほどのものではないにしても、多少は最終の給与が増額されたりもするだろう。私は半ば二つ返事で、工藤頼子先生の申し入れを受諾した。

こうして私は三年余り勤めた工藤頼子先生の教室での塾講師の仕事を退職することとなった。

最終の給与の振り込みも済んだ七月の初旬、私は郵便局を訪れた。貯金口座の解約をするためである。もともとこの郵便貯金の口座は、工藤頼子先生の教室での給与振込のためにわざわざ作ったものである。私は元来お金は銀行が預かるものであって、郵便局は郵便が本業という考え方であった。もはや不要になった今、いつまでも郵便貯金なんぞの口座を持っているのは鬱陶しい。

思えば郵便貯金などという理屈に合わない制度は、いつになったら廃止されるのだろう。郵政改革に積極的だった小泉純一郎氏はいつのまにか首相になっていたが、かつての強烈な個性はどこへやら、このときすでに単なる自民党出身の総理大臣でしかなくなっていた。

手続きはものの数分もかからずに終わり、口座はつつがなく解約された。

数日後、今度はとある都市銀行の支店にも、私は足を運んだ。先述のとおり、今後は［佐倉理美］の名前を使うことはもうないだろう。ならば銀行のほうの口座もあるだけ管理が大変というものだ。かくして［佐倉理美］名義で持っていたこの銀行の口座も、この際解約してしまうことにしたのだ。

「すみません、ちょっと事情で解約したいことになったんですが……」

「はい、かしこまりました」

春先にオンラインシステムの大規模障害が社会問題になったこの銀行を解約する人は増えている

という噂もある。そんな中で別の理由で解約するのを恐縮しながら、私は窓口に臨んだ。窓口の人は、あくまでも笑顔での応対である。心苦しく思いつつ、私は解約処理の済んだ通帳と、最終精算で支払いとなる利息一円を受け取って、窓口を後にした。

問題は、出口の自動扉の開く音を聞きながら、私が通帳をもう一度見直したときに発覚した。

「あれっ⁉」

おかしい。通帳の最終行に、最終精算で受け取った、利息一円が記載されていない！

私は窓口にとって返すと、この件を質してみた。

「あ、これはこれでまちがいないですが……」

「そんなバカな、ちゃんと書いてもらわないと困ります」

たかが一円、されど一円である。しかし私が突き返した通帳は、銀行内部でたらい回しされた果てに、ついに支店長の登場となった。

「あーお客様、この通帳についておりますお利息は定期的に計算される分でありまして、この解約時のお利息はお客様のご都合で計算が発生するものなので、通帳には載らないのでございます」

まるで私が悪いかのような口ぶりに、私の脳神経の一部がプチっと音をたてた。

「そんなのは、そっちの都合でしょう。私にとってはおたくと取り引きして生じた利息に変わりないんですよ」

「いゃーしかしコンピューターのシステムがそのようになっておりますので……」

「そりゃ、システムに問題ありやな」

これはりっこう意地悪な嫌味だと思ったが、この際言ってやった。

「この最後の利息一円を通帳に記入したうえで、解約の処理をしてこそ、お客様を最後までお客様として大切にして取り引きしたことになるんちゃうの⁉ それを解約時の利息やから通帳に載せへんなんて、解約する客には手切れ金でも払ってとっとと帰ってもらえ言うてるようなもんやで！」

「いゃぁ、決してそんなわけでは……」

「三和銀行ではちゃんと最後の利息も通帳についたで。あそこも去年、変なアルファベットの名前に変わったから、アホらしなって解約したけど、その点はしっかりしとったワ」

「いやはや……」

結局、支店長の自筆で通帳に利息一円を記入、支店長公印を押させることで私は手を打った。まあ、悪いのは支店長ではなく、システムを設計した奴らに他ならないので、あまり支店長を困らせてもしょうがない。

帰りの電車の中で、私はふと思った。

いつから女性としての自分は、あのように自然に文句が言えるようになったのだろう。

かつての〝女装初期〟のころは「男性が女装しているのだ」とバレることが心配で、あのように何かがあってもクレームをつけるどころではなかった。あくまでもおずおずと、人目を気にしつつ街の片隅を歩いていただけだったのだ。それがいつしか、女性としての自分があたりまえとなり、行動は自然になり、納得のいかないことには臆せず主張できるようなったわけである。

そして、このように私が女性としてごくあたりまえに行動できるようになるプロセスに、やはり三年余りの塾講師経験が大きく関与しているのはまちがいなかった。工藤頼子先生の教室での勤務は、たしかに有意義で貴重な体験だったのだ。私はしばしば電車に揺られながら、佐倉理美だった日々に思いを馳せるのであった。

台湾、女一人旅

七月の初旬を過ぎると、忙しさも一段落した。次の講演は月末、例の市立勤労者会館でやる中島彰子ちゃんが企画担当のものまでない。しかも塾の仕事もなくなったので、急にポッカリ暇になった格好である。

ちょうどこの時期は夏期講習講師の募集のため多くの塾から求人広告が出るので、どこかの塾に［小川まお］で再就職するプランを実行に移すのも悪くはなかった。が、そう慌てることもあるまい。幸いにも向こう数カ月にわたって、月に一回以上講演か何かがある状態になっていた。いちおうは月々の収入がないわけではない。せっかくなので、しばらくはこの暇になった状態を活用しよう。

そう考えてまず思い浮かぶのは〝旅行〟である。去年家族で温泉旅行したときもそうだったが、七月の夏休みが始まる前までというのは、旅行代金が非常に割安なのだ。しかもこの前取得したパスポート。ここであれを使わない手はない。いささか急ではあるが、海外旅行をしてみることにした。

できれば家族旅行にしたかったのだが、相方も満咲もこのとき有効なパスポートがなかった。今から取っていては、七月中旬のうちに行くのに間に合わない。一方、中島彰子ちゃんなどを同行者にする〝戸籍上不倫旅行〟プランもないではなかったが、彰子ちゃんは勤労者会館の仕事やフリーで受けている原稿の仕事などで忙しそうであった。それに彰子ちゃんは、どちらかというと旅行では現地の珍しいお店などで食べ歩きやショッピング、いろいろな体験をして現地の人とふれあうのをメインにしたがるのに対し、私は名所旧跡などを巡りながら思索に耽りたいタイプなのである。瓜野幸子もいちばん下の子どもがまだ二歳なので、急な旅行は難しいだろう。

これはもう一人旅しかない。

私は旅行会社の店頭からパンフレットを取ってくると、行き先の検討に移った。さすがにヨーロッパなどとなると、急にというわけにはいかなくなるし、日程も長くなる。三泊程度で気軽に行けるのは、やはり近場。しかも一人旅でもいろいろ見所があって治安も悪くないところとなると、候補は限られてきた。香港や韓国は昔行ったことがある。となると今回もっとも好適な行き先は……。

「やっぱり台湾かぁ」

私はふと思い出した。大学時代の同じゼミで仲のよかった女子学生・妹尾梨花は、個性的な行動派で、海外への一人旅も、親に反対されないように友達と二人でということにして実行したと、当時語っていた。その梨花の旅行先が、たしか台湾であった。

「そうか、海外へ女の一人旅……」

梨花に遅れること十数年。それをいよいよわがものにするときがめぐってきたということか。

旅行社の店頭を訪れると、一名様の急な申し込みに対して、できるだけの対応をしてくれたものの、閑散期だけにやはり制約は多かった。結局、パッケージツアー扱いの台北フリータイムコースの、すでに一組申し込みがあるところへ混ぜてもらうのが、もっとも妥当ということになった。それにともなって出発日も自ずと決まった。

「女性一名……！」

係の人が本社の方へ連絡するときの言葉に、私はまたも内心ウケた。パスポートのコピーも取られるので、必ずしも「女性」で通すつもりはなかったのだが、女性の姿で行くと、もはや向こうが性別二元論に基づいて勝手に女性と思い込んでしまう。ちょうどこの月のはじめから、JR西日本が朝の通勤ラッシュ時の一部路線に女性専用車両の試験導入を始めていたので、試しに乗りに行ったときも、見た目が女性だとまったくOKだったのと同じである。これは当座の現実として、トランスジェンダーにとってありがたいことであるのだが、根本的なところではトランスジェンダーの存在がまだまだ認知されていないことの裏返しでもあるのだろう。そしてそこに性別が記載された公的書類がからんでくると問題となるのだ。

旅行社の手続きを終えると、インターネットで保険やスーツケースの宅配レンタル、空港リムジンバスの予約なども済ませた（バスは「女性一名」で予約したが、保険はやはり書類がからむので「男性」で手続きした。もっともオンライン契約で顔を合わせないので、さしあたって問題はない）。書店で買った『地球の歩き方・台湾』にも余念なく目を通し、現地でのプランを練り上げれば、あとは出発日を待つばかりである。

ちなみに地図や旅行ガイドは従来はS社のものを愛用していたのを、今回他社のものにしたのはたまたまで、少し前に「S社の男性社員が『性同一性障害』を理由に女性として勤務しはじめたのに対しS社が懲戒解雇をおこなったのは不当だと裁判所が判断した」という報道があったのとは直接関係はなかった。なおこの件で裁判所が懲戒解雇を不当と判断したのは、やはり時代が進んでいることを示すひとつの例なのだろう。

出発日の朝、空港リムジンバスは早朝にもかかわらず満席であった。予約してあった私は窓側に席をとれたが、あとから乗ってきた人は補助席の使用となるくらいである。この次の便になると道路の渋滞で空港到着の時刻が怪しくなるせいかもしれなかった。となりに座った若い女性は、私が女性ということで安心したのか居眠りを始めた。私もタバコ臭いサラリーマンより、となりは女性のほうがありがたい。少々もたれかかられても苦にならない。

早起きした甲斐あって、バスは余裕をもって関西国際空港に到着した。しばらくターミナルビルを散策した後、集合時間になったので旅行社のツアー用の受付カウンターへ行ってみる。

「パスポートをお願いします」

それからが長かった。やたら待たされるのだ。なにやらモンダイがあるようだ。

「…………」

順当に考えてこれは、旅行社としては女性で受け付けていた人物のパスポートが「M」だったために、コンピューターがエラー扱いにしてしまって航空券を発券できない、か何かだろうと推察された。

三十分ほど待たされた末、その真相は不明のまま、係員が平謝りのうちにツアーカウンターの手続きは無事終わった。受け取った航空券を手に、今度は航空会社のチェックインである。が、ここはまったく問題なく済んでしまった。セキュリティチェックもつつがなく通過し、いよいよ出国手続きである。航空券と、性別欄が「M」のパスポートを何食わぬ顔で差し出せば、係員はきわめて事務的にパスポートにスタンプを押し、何事もないように返してくれた。戸籍の性別変更の必要性が訴えられる際によく例に出される出国手続きは、かくしてアッサリと終わってしまった。

北ウィングに移動すれば、いよいよ搭乗である。機内で席を確かめると、となりはまたも二、三十代の女性であった。東京に行くときの新幹線などは、ＪＲの予約用コンピューターの設定の関係か、となりはだいたい男性サラリーマンのことが多いのに、今回はずいぶんと恵まれている。見れば彼女も台北の旅行ガイドブックを広げながら、台湾入国用の書類を書いている。先に書き終わった彼女に、私が書き方について質問したのをきっかけに、二人はフライト中しばし言葉を交わした。

聞けば彼女は派遣社員をしていて、たまたまこの時期仕事が休みになったので、思い立って旅行に出かけることにしたという、私と似た事情で、やはり一人旅であった。私たちはそれぞれのガイドブックに載っている耳寄り情報などを交換しながら機内食を食べた。もしも私が昔のように男性であったなら、彼女ももう少し警戒なり、隔意を抱いたのかもしれない。しかし女性どうしということで、このようにスムーズに話がはずむのはうれしいことである。

到着時刻が近づいたころ、彼女がふと言った。

「タクシーとか一人で乗って大丈夫かなあ。治安……、悪くないですよね？」

「……そんなにヤバいって話は、聞いてないですけど」

女の一人旅でやはり気になるのは身の安全である。もちろん男なら絶対安全というわけではないにせよ、女であるがゆえに余計な心配まで増えるという現実は困ったことだ。私もまた女として行く以上、そうしたリスクを引き受けなくてはならない。

二時間あまりで、飛行機は台北に着陸した。いよいよ入国の手続きである。パスポートの性別欄は、ここでもおとがめなしとなるだろうか？　念のため早めに彼女と分かれ、たまたま空いていた両替窓口で台湾元《げん》を確保してから、私は入国審査の列に並んだ。列は順調に進み、私の番が来ても、審査のペースが落ちることは特段なかった。何事もなく、こうして私は台湾に足を踏み入れた。

ここからは、旅行社が手配した現地ガイドが迎えに来ていて、台北市街まで案内してくれるはずである。途中みやげ物屋にも連れていかれるようだが、いちおうパックツアーなのでしょうがない。その後はフリータイムコースなのだから、一回くらいはガマンするしかない。到着ゲートを出ると、それらしい人はいっぱいいた。はて、どれがウチのガイドなのか。見ると、中に「オガワさーん、エノキダさーん、ヨシタニさーん！」と叫んでいる若い女性がいた。尋ねてみると、それが担当の現地ガイドの張さんであった。ほどなくエノキダさんとヨシタニさん、つまり先に申し込んでいたという一組も現れた。案の定というか、やっぱり女性の友人どうしのグループであった。むろん友人どうしというのは言葉のあやで、レズビアンカップルでないという確証はないが。

張さんに導かれた私たちは、ワゴン車に乗って市街へ向かった。運転手は手慣れたハンドルさばきで、地元の道路にスイスイとワゴン車を走らせていく。張さんは感じのいい人で、車内では観光上のいろいろなアドバイスや、私たちの細かな質問にも対応してくれた。途中のみやげ物屋では予想どおり売り子がしつこかったが、特に私たち女性客に対して勧められたのはチャイナドレスであった。私は冷静に値段を見て「予算オーバー」と判断したが、きれいな生地でできたドレスに少し〝女心〟を動かされた。

ホテルに着くと、チェックインは張さんが代行してくれる……のだが、そのためパスポートを預けなくてはならない。はたして張さんはパスポートの「M」の字に気づくだろうか。いや、あるいはもうすでにあの空港の旅行社のカウンター経由で連絡が行っているということも考えられる。しかし張さんは、ロビーの隅に待たせた私たちのもとに戻ると、何事もないかのように部屋の鍵とともにパスポートを返してくれた。おそらくは、気づいたけれども特になんということもなく普通に対応してくれているのだという気がした。

部屋にスーツケースを置いた私は、とりあえず周辺の散策からはじめた。コンビニも随所にある台北の街並みを歩くのは、クルマが右側通行なのを除けば、日本国内とそんなに感覚は変わらない。裏通りには薄汚れた感じの場所もないではなかったが、特に治安の悪い雰囲気はなかった。むしろ台湾鉄道（日本のＪＲに相当）と地下鉄（台北では地上区間も多いせいか「ＭＲＴ」と呼ばれている）が乗り入れる台北駅ターミナル周辺の地下街などはとても洒落た感じで、日本から文化輸入されたと見られる個包装の持ち帰り寿司の店やベーカリーショップ、ドラッグストアなどもある。世界のどこにでもあるファストフード店はもちろんある。道行く人も小ぎれいな格好で、特に若い女性のファッションは日本と共通する部分が大きいようだ。私はそんな女性たちに混じりながら、台北駅周辺を探検した。

夕食は台北駅ビル二階に一人でも気軽に立ち寄れそうな食堂街があったので、そこで済ませた。言葉は通じないが向こうも心得たもので、注文や支払いには特に支障はない。そのあと地下鉄で移動し孔子廟《こうしびょう》などを観光すると、日もかなり暮れてくる。地下鉄支線に乗り換え終着駅までやってきた私は、ガイドブックにあった温泉へと向かった。台湾は温泉が多く、台北郊外にも公共の露天風呂があるのだ。日本とちがって水着着用の男女混浴で、更衣室も完備らしいので、私でも入りやすいはずだ。

受付で料金を払って更衣室に入ってみると、しかし狭かった。日本にあるような着替え用の個室もない。いや、もちろん一般的女性が着替えるのには問題はないだろう。だが私の場合、水着への着替えが肌のふれあう状態というのは難しい。一瞬入浴をあきらめかけたが、見ると更衣室内にトイレがある。中国本土のトイレは、よく「ドアがない」「壁もない」と言われることがあるが、台湾の公衆トイレは日本と同じ〝個室式〟だった。私はそこを使って水着に着替えることにした。「この中で着替えないでください」という趣旨らしい張り紙がしてあったが、外国人なので読めなかったということにして、この際勘弁してもらおう。トランスジェンダーはこういうとき不便である。

ちなみに台湾では文字は漢字なので、中国語を聞いたり話したりできなくても、平均的な日本人は書いてあるものを読むのに苦労することはない。この点いたるところハングルだらけで頭が痛くなってくる韓国旅行よりもラクかもしれない。また相手に伝えたいことも、漢字で書いて見せればだいたい通じる。私は筆談用にメモ帳とボールペンを用意していたのだが、活用する場面けたしかに多かった。

翌日は台湾鉄道の特急列車に乗って台南へ日帰りした。列車の指定券は例のメモ帳による筆談で問題なく購入できた。となりの席はまたもや若い女性であった。しかもかなりのミニスカートで、あらわな太股がちょっとセクシーである。この日は私もデニムのミニスカートだったのだが、なんとなく「負けた」と思った。

四時間ほどの列車の旅を楽しんだ後、台南では、まず路地裏の怪しげな食堂で昼食をとった。店番のおばちゃんは気さくで、ラーメンとソーセージはおいしかった。それからひととおり市内観光に回り、駅前の日系デパートで涼んでから帰りの列車に乗った。亜熱帯の日差しは強く、口焼け止めクリームは必需品であった。

台北に戻ったのは日もすっかり暮れた後だったが、台湾の夜は早々にホテルに引き上げるにはもったいない。私は夜市のひとつを体験してみることにした。夜市は、夜市ならではのさまざまな食べ物の屋台が立ち並ぶほか、常設の普通の店舗も深夜営業していたりする。私は鶏肉の串焼きや中華チマキに、これもどうやら日本から移入された可能性が濃厚な回転焼きなどを食べ歩きつつ、気がつくと外国にいることも忘れて服を見ていたりした。思えばこのように服のショッピングが楽しくなったのは、女性として生きるようになってからである。夜市の傍らでは、風水や〝卦《け》〟とみられる占いの店もたくさん軒を並べていた。日本では占いは主に女性のものだが、こちらでは男性が真剣な表情で何かを占ってもらっていることも少なくなかった。なお暑い台湾では男性もノーネクタイのことが多いようだ。日本もこの習慣は見習うべきだろう。

三日目は、これまた台湾鉄道の今度は東岸を走る線に乗って、タロコ峡谷観光に出かけた。タロコ峡谷とは浸食によって大理石が穿たれてできた、断崖絶壁などの続く驚嘆の景勝地である。台北から花蓮という駅まで三時間。そこからバスでタロコ峡谷をめざすのだ。花蓮駅前は観光拠点だけあって、これまた食べ物などの屋台も多い。ちょうど昼時なので、私も弁当を買って、その場で食べたりした。観光客然としていると、日本語が堪能なタクシーの運転手が客引きで声をかけてきたりもする。ぼったくりの場合が多いらしいので、毅然と対応することが肝要だ。

そうこうしていると、ひとりの日本人男性が声をかけてきた。中国本土から台湾にかけて気ままな旅をしている途中のバックパッカーで、これからタロコ峡谷に行くという。異国の地で同じ日本人ということでほどほどに意気投合する一方、私は彼に少々の隔意を抱いている自分にも気づいた。それはたぶん女性として初対面の男性を警戒する気持ちだったのだろう。思えばかつての私が同じようなシチュエーションで女性と親しくなろうとすることを阻んでいたのが、こうした「ジェンダーの壁」だったのだ。

この日も台北へは夜になってから戻り、名刹《めいさつ》といわれる龍山寺に参詣してからホテルに帰った。

結局「台北四日間フリータイム」のうち、中の二日は台北にはいなかったことになる。はてさてエノキダさんやヨシタニさんはどうしているのだろう。やはりショッピングや高級料理店へ行ったりしているのだろうか。少なくとも旅行社などが日本人女性の台北旅行の際に特に今オススメと考えているのは足ツボマッサージとか、写真スタジオでのレンタルチャイナドレスによる撮影のようであった。後者はメイクつきで、手軽に中国美人に変身させてもらえるという。しかしこうしたものにほとんどアクセスしない私の旅行スタイルは、そういう意味では決して女らしくない。

なお店によってはこのチャイナドレス写真撮影を男性にも実施していて、その名も「男変女」というサービスらしい。もちろんトランスジェンダーを念頭に置いたものではないのだろうが、入門がてら利用してみるのもいいかもしれない。ちなみにこちらでは「女装」という看板がよく見かけられて一瞬ギョッとするが、これは文字通り「女の装い」という意味らしい。デパートのポスターに「女装大廉売！」とあっても、単に「婦人服大バーゲン」という意味である。

最終日の午前は台北駅前の超高層ビルの展望台から街を眺め、この台湾旅行の名残りを惜しんだ。台北駅ビルの二階食堂街でラーメンを食べて、昼過ぎにホテルのロビーに戻ると、張さんがもう迎えに来ていた。エノキダさんとヨシタニさんとも合流して、それぞれ旅の様子を報告し合った。台南やタロコ峡谷へ行った話をすると「旅慣れてますねー」などと感心されたが、一方で変わっていると思われた可能性もないではない。空港への車内では、台北駅前のデパートの地下で買っておいた焼きおにぎりを、二人と分けて食べた。

もう一度みやげ物屋を経由させられた後、空港に着くと、いよいよ帰国便のチェックインである。張さんがここでもパスポートを預かって代行してくれた。受け取った搭乗券をよく見ると性別表記欄が「Mr」になっていた。往路の搭乗券の半券を確かめると、そちらは「Ms」になっている。やはり当初は女性として受け付けられていたのが、途中から修正されたのだろうか。そして張さんはどこまでわかっているのだろう。パスポートの性別欄さえなければ何の気がねも要らないのに、まったく厄介なことである。はたして海外旅行をするのに女か男かがどんな関係があるというのだろう。イスラム圏では性別欄を基に男女がとなり合わないように飛行機の座席を決めるという話も聞いたことがあるが。

張さんと別れて、私たちは出国ゲートへと向かった。エノキダさんとたわいのない話をしながら歩いていた私は、ちょっと油断していた。深く考えずに同じ列の、それもエノキダさんの前に並んでしまった。

待てよ、これってヤバいじゃん！　パスポートは「M」、搭乗券も「Mr」。もしも何かあったら、エノキダさんに事情を知られてしまう。そうするとこの和やかな雰囲気も壊れてしまうかも……。かといって、今さら別の列に並び直すのもかえって不自然である。私はとりあえず「Mr」と明記された搭乗券をエノキダさんから見えないように裏返した。結局、入国時と同様に何事もなく手続きはできたのだが、こんな気苦労もないにこしたことはない。無用の性別欄は早期に可能な限りなくしていきたいものである。

もう少し免税店で買い物したいというヨシタニさんにつき合うエノキダさんと分かれて、私はひとり待合ロビーで搭乗時刻を待ちながら、今回の旅行をふりかえった。世界のどこにいても、やはり「女」として行動するのがここちよい……。そんな自らのアイデンティティを再確認する旅でもあった。

そしてふと思った。大学時代の同級生・妹尾梨花も、当時この台湾への一人旅の帰り、このロビーで帰国便の出発を待ったのだろうか。そのとき何を思っていたのだろうか。

「……………」

かつての梨花と同じ「台湾への女一人旅」を終えて、私はなんだか女子大生になれたような気がした。

関西空港の入国審査でも当然のように何も起こらず、「小川まお」としての初の海外旅行は、こうして幕を閉じるのであった。

女子大受験計画

子どもたちが通知表をもらう様子が恒例のほほえましいニュースとして報道されるころには、台湾旅行の後片付けも一段落し、私もまた夏休み気分で日々を過ごしていた。塾の仕事の拘束がなくなり、依頼に応じて講演に赴いたり原稿を書いたりといった仕事に〝専念〟できるのは、収入の心配さえなければ、いささか優雅に過ぎる感さえある。そんなゆとりは、私の今後の計画の中に、とある「欲」を生じさせはじめていた。

いや、以前から考えていなかったわけではない。具体的に実行を画策する暇がなかなか作れなかったり、さまざまな制約をクリアできるかどうかなどの問題も未知数だったために、今までその野望は棚ざらしになっていたのだ。

そう。

大学院に行ってみたい。

ここまで勢いで『性同一性障害はオモシロイ』や『女が少年だったころ』などの著書を出版し、その流れで講演なども引き受けるようにはなってきたものの、それはあくまでもトランスジェンダーの当事者であるというのが強み。ジェンダーやセクシュアリティに関する体系的な勉強が不足しているという自覚は、このところ特に強くなっていた。一方、今年の秋には三重大学の「性の多様性概論」の講師もすることになっている。つまり仮にも大学の先生である（複数の非常勤講師で分担して講義をおこなうので、実際には一回行って話すだけなのだが、書類上は授業が開講される後期の半年間は「三重大学非常勤講師」という肩書を預かることになる）。こういうことが今後増えるとすると、やはりそれに見合ったスキルは身につけておきたい。一度、大学院のような専門機関において、諸先生方の指導を仰ぎながら、必要な知見を広め、自らの研究も一定の形にしておく機会は必要なのではないか。

かっこよく言えば、そういう思いがあったのだ。

むろんもっとヨコシマな動機も付随していて、学歴が高いほうが権威主義者らと対峙するときに箔がついていいだろうとか、講演料の算定基準も上のランクになるかもしれないとか、それになにより「女子大生になってみたい」、すなわち女性としての学生生活を体験するという、かつて叶わなかった願いを実現させてみようという望みが大きなウェイトを占めていることは、否定できなかった。

私はためしにインターネットで情報を検索してみた。「社会人のための大学院進学ガイド」のようなサイトもちゃんとあった。そこには社会人が大学院を志望する際の留意点や投稿情報などのほか、社会人入試を実施している大学院のサイトへのリンク集もある。私は通学可能圏内の中から、ジェンダーやセクシュアリティについて学べそうな大学院を絞りこんでいった。

二日ほどかけてインターネットであたりをつけた結果、もっとも好適と思われるに至ったのは六麓女子大学大学院の社会学研究課程。六麓女子大学には、高校三年のとき「人間関係学科」に魅力を感じたものの、女子大であるがために受験を断念したという因縁もある。そんな六麓女子大学の大学院に、今こそ女性として入学できるとしたら、それはなおさら意義のあることである。

しかし、本当に女性として女子大学に入学できるのだろうか。

とりあえず「小川まお」の名前で入試事務局にメールで請求して送られてきた入学願書の用紙には、よくあるパターンを裏切ってなんと性別欄がなかった。が、それはもちろん女子大だから聞くまでもないということであって、「トランスジェンダー歓迎」だからではあるまい。入試要項の受験資格にも「女子」が明記されている。

「…………」

考え込んでいてもしょうがない。私は学内の様子に探りを入れてみることにした。六麓女子大学のサイトには教授陣の紹介ページもあって、先生方ひとりずつプロフィールやメールアドレスも掲載されている。私はその中からジェンダー関係に造詣の深そうな人を探した。

「やっぱりこの先生しかないかな」

白羽の矢を立てたのは女性学・近代家族論などが専門とある牟田和恵先生。入学後はこの先生の指導を仰ぐことになる可能性も高い。早速メールを送ってみることにした。

『はじめまして。私は佐倉智美と申しまして、個人的にジェンダーやセクシュアリティについて研究をしておりますが、自己流の限界も感じるこの頃、大学院に入学して今一度勉強し直そうかと思っています。現在の私は女性として日常生活を送っておりますが、身体上戸籍上は男性です。この点は貴学に入学するにあたり、やはり問題となるでしょうか云々……』

突然送りつけたメールだけに、迅速な返事は期待していなかったのだが、意外にも翌日には返事が来た。

『メールありがとうございました。社会学の院生やスタッフと少し相談してみましたが、その範囲では基本的にOKという意見です。ただ大学本部が何と言うかわかりません。とりあえず願書を出してみられてはいかがでしょうか』

この時点で期待しうるもっともありがたい回答と言えた。ただ「とりあえず出願せよ」ということであれば、揃えなければならない必要書類も多い。その中には出身大学の卒業証明書・成績証明書などに混じって「出身大学の指導教官の推薦書」なるものもあった。母校・六麓大学に照会してみると、それはやはり在学中のゼミの先生に頼むべき性質のものであるという。となると、ここはひとつカミングアウトが保留になっていた井口博臣先生に連絡を取るしかない。

「うーん……」

井口博臣先生は数年前に六麓大学を退官してから、近畿某県の国立大学にも勤めた後、じつは現在は六麓女子大学にいるのである。これを心強いと見るか、やりにくいと見るかは微妙なところである。ちなみに六麓女子大学と六麓大学は、現在は完全に別法人になっているが、学園設立の時点までさかのぼると、母体を同じうしていた。

かくして、Eメールが苦手らしい井口博臣先生に、意を決して電話をかけたのは日曜日の午後。

「もしもし、一九八七年度に井口ゼミを卒業した小川真彦です」

「おぉ小川クンかね。どうかね最近は」

「はぁ、じつはかくかくしかじか……」

「おん？　ウチはムコジョとかとちがって、まだ女子だけだけど」

六麓女子大学の大学院を検討している旨を伝えると、先生の口調が厳しくなったように思えた。なおムコジョとは武庫川女子大学。近年は女子大学でも大学院だけは共学化しているところが増えつつあった。

「いゃーじつは私、最近は女子として通学できる状態で生活しておりまして……」

「……研究もその方面かい？　ワタシはそっちは専門じゃないしなぁ。それにヨソの学校ならともかく、ワタシは今は学内者の立場だからねえ。推薦書を書くとなると責任問題もあるんだよ」

難渋を示す井口博臣先生から良い回答を引き出すことに赤信号が灯りはじめた。

「いちおう牟田和恵先生には、相談させていただいておるのですが……」

「牟田先生？　そんなこと言ったって牟田さんは来年はいないからねえ」

「えっ、そうなんですか」

後刻、私は再びインターネットを調べた。大阪大学大学院人間科学研究科のサイトの中には、たしかに「牟田和恵先生・平成十五年春着任予定」とある。

じつは当初は大阪大学大学院人間科学研究科も志望の候補に挙げていた。ここには日本の男性学のいわば第一人者で、ジェンダー・セクシュアリティ問題に詳しい伊藤公雄先生がいる。しかも伊藤公雄先生はマスメディア等の問題も専門である。メディアとジェンダーの関係にも関心のある私には、その点でも好適である。私が大学院への入学を考えるならば、この伊藤研究室の門を叩くのは、まさに筋というものであった。ただ、天下の阪大は難しそうという、たわいなくも気弱な理由によって、かなり早い時点で候補からいったん外していたのである。

だが、こうなればダメでもともとである。来春には伊藤先生と牟田先生が揃うという、大阪大学大学院人間科学研究科のコミュニケーション社会学課程をめざしてみよう。たしかに「女子大」に入ってこそ意義があるというこだわりもないではなかったが、「女子大」生と「女子」大生のちがいくらいは妥協できる範囲内だと思われた。

阪大入試、千里丘陵の秋

あらためて阪大の入試情報を確認してみると、来春入学希望者のための入試は秋期と春期があって、いずれも社会人入試が用意されていた。どうせなら秋期でとっとと合格して、来春からの身の振り方を確定させておくほうが何かと都合がいいだろう。秋期入試の願書提出は八月末に迫っていて、要項や用紙の配布はすでにおこなわれていた。

出願に先立って、伊藤公雄先生にもアポを取ってあいさつに行った。先述の「大学院進学ガイド」サイトの記述によると、公式にはどこにも書かれていないこうした手続きが、大学院進学では重要なのだそうだ。阪大吹田キャンパス内の伊藤研究室を訪れ、研究企画書と、参考までに『女が少年だったころ』の本を手渡せば、伊藤公雄先生は気さくな感じの人であった。まあ男性学を志す男性が、いかめしい権威主義者なはずもないのだが。

入学願書の性別欄はもちろん空欄にした。そここそが研究したいテーマであり、「男・女」にカンタンに丸がつけられるくらいなら、そもそも大学院に志願する必要がないのだ。また、氏名欄は［佐倉智美］と［小川まお］を併記するというアクロバット技に打って出た。私としては［佐倉智美］として入学したいのだが、六麓大学の卒業・成績証明書などが［小川真彦］名義なので、やはりそのあたりをはっきりさせる必要はある。本来は必要書類ではない住民票も、フリガナの変更履歴を入れたものを添付した。「出身大学の指導教官の推薦書」の類は、阪大では必要なかった。

十月初旬、まずは筆記試験の日がやってきた。一般入試は午後まであるが、社会人入試は午前中のみということであった。配られた問題用紙を見ると、いくつかのテーマからひとつを選んで論述する問題が二問だった。入試事務局でもらった過去問題には英語の長文を読んで設問に答えるもののほか、ドイツ語やフランス語を訳す問題もあってビビりまくっていたのだが、それは一般入試だけのようであった。私は「戦後日本におけるセクシュアリティをめぐる変容について」と「男女共同参画社会とは何か」を論題に選んだ。

二日後は面接試験である。面接室に入ると、人間科学研究科の社会学系の教授陣が勢揃いして待ち受けていた。来春牟田先生が着任するまでは〝男ばかり〟なようである。

「えぇー小川まおです。いろいろな活動は［佐倉智美］という名前でおこなっていますが……」

「それじゃぁ、まず志望動機を……」

面接はつつがなく進行し、ほどなく終了した。

試験会場の校舎を出ると、大阪大学吹田キャンパスはよく晴れた青空の下にあった。隣接する万博公園では、これからの季節、一面のコスモス畑が見頃のはずである。

「ん〜秋やなぁ……」

私はひとつ季節を深呼吸するように千里丘陵を渡る風を味わった。

思えばこの万博公園界隈にはさまざまな秋の思い出がまつわっている。中学二年生の秋の遠足は、好きだと思っていた女の子にフラれた翌日に万博公園へやってきたのだった。あの「男子校」、情報通信工科大学付属高校の体育祭が万博公園の横の陸上競技場でおこなわれた後には、本当は同性である女子のいない高校生活の虚しさを胸に公園内をさまよった。やがて社会人になってからは、付き合っていたカノジョとのデートに、よく万博公園や隣接の遊園地・エキスポランドを利用したものだ（が、やがて「男と女」としての関係が破綻して別れてしまう）。近年は、まだ手探りの孤独な時代の「女装外出」の練習場所としても重宝していた。万博公園ではないが、塾の仕事をしていたころ、幼児教室の高岡貴子先生と午後のひとときをいっしょに歩いたのも同規模のコスモス畑であった……。

男として生まれ、男として生きてこざるをえなかった私の、さまざまな後悔、いくつもの悔恨。しかし、それらも今、新しい春を迎える思いへと昇華しようとしていた。そして、そこに至るまで歩んできたのは、まぎれもなく私自身の「こうしたい」という意思だったのだと思えた。

性別二元制の逆襲

ほどなく私は無事に合格通知書を手にした。これであとは入学を待つばかり、というわけにはいかなかった。合格通知書の宛名はいつのまにか「小川真彦」様になっている。願書には「佐倉智美」も併記したのに、勝手にこちらが本名だとされてしまっているのだ（たしかにそのとおりではあるのだが）。これはこのまま黙っていると男子学生として扱われることになってしまうことを象徴していた。入学手続で提出する書類として健康診断書の用紙も入っていたが、これを書いてもらうにはまたもや「どっちにでも見える格好」をわざわざして病院に行かなければならない。診断書の用紙にも性別欄はしっかりある。

そんなおり、ふいに携帯電話に着信があった。

「もしもし佐倉さん？　阪大の伊藤だけど」

「えっ、は、はい」

なんと伊藤公雄先生よりじきじきの電話である。

「いやー、このたびは合格おめでとう」

「え、あ、ありがとうございます」

合格を祝う言葉が聞けるとはありがたい話だが、そんなありがたい話のためだけに電話がいただけたのでは、もちろんなかった。

「性別欄が今、空欄になっているの、どうしたらいいかな。いちおう大学本部のほうで統計を取るのに要るらしくて」

「いや、そんな……簡単に決められないから、入学して研究したいんですけど」

「そうだよねー。でも空いているのはまずいし、申し訳ないけど、とりあえず、『男』にマルしておく方が無難だと思うので、それでどうかな」

「ううーん、……まぁ、それでいいです」

どうしても「女」か「男」か決めろと言われれば、やはり「女」のほうに属したい。が、この際あまり贅沢な主張は難しいだろう。名より実を取る方策を、追って考えることにしよう。

「あとこれも一部の先生が、トイレの心配をしてるんだけど」

「ト、トイレですか」

「他の女子学生が気にするようなら、特定のトイレを使うようにしてもらえないかとかいう話なんだけどね」

「いちおう、今までトイレで問題になったことはないですけど……」

「……そうだよねえ！」

実際、まだおぼつかない姿だった「女装初期」にもトイレはなんとかしのいできたものだ。結局トイレの件はその後うやむやになったのだが、トランスジェンダーの受け入れにあたっては、この種のことは常に問題にされてしまうのだろう。世の中に横たわる性別二元制の堅固さはじつに手ごわい。

無事に「女子大生」になるまでに、課題はまだまだ山積しているのであった。


十月の終わり、いよいよ三重大学の「性の多様性概論」の講義に私が行く日がやってきた。クルマで名阪国道をとばすと、津は意外と近い。控室に着くと、講義全体を総括する担当の二重大教員・島津さんと、私と同じトランスジェンダー当事者の非常勤講師で実務のマネージメントを買って出てくれている阿倍まりあさんが待っていた。

島津さんはまもなく定年という年齢を感じさせないさわやかな人であった。阿倍まりあさんは以前、とある機会に見かけたときはもう少しいかめしい印象だったのが、ずいぶん柔らかい雰囲気に変わっていたのは、やはり女性としての経験を積んだ結果かもしれない。五分後、私とまりあさんはすっかり「漫才コンビ」と化していた。

「もしかして『実家は教会⁉』と思わせておいて、じつはお寺だったり？」

「なんでやねん」

私は大学時代の後輩・安倍摩理亜を思い出しながら、そんなネタを振ってみたりもした。そういえば摩理亜とはあの一件以降は年賀状の交換が続いているだけである。すでに住職となり仏の道を邁進しているらしい摩理亜にも、今の私は近日中にカミングアウトしてみたい気がした。

講義は階段教室に大勢の学生が集まる中、「トランスジェンダーから見た性別二元制」というテーマでおこなった。この日に合わせて今年の今までの講演でも、このテーマはずっと取り上げてきていた。今日はいわば総決算である。この成果は翌年青弓社より出版される『性を再考する―性の多様性概論』に収録されることになる。

講義が終わった後は、島津さんの案内で大学裏の居酒屋にて何人かの学生もまじえて懇親会となった。学生の質問はけっこう熱心だったりする。私がまりあさんと引き続き「漫才」（のような会話、でも内容はいたって真面目だったりする）をしていると、島津さんがふと言った。

「今はまだ未確定情報なんですが、来年三重大に入学を希望しているトランスジェンダーの高校生がいるらしいんですよ」

「そうなんですか……」

「もし本当に入学となれば、できるだけ希望の性別で学生生活が送れるような態勢で受け入れてやりたいものですが、現実には、なかなか学内のさまざまな事柄は〝性別二元制〟ですねえ」

島津さんの苦笑は、しかし他人事ではない。

「私も来春より大阪大学の大学院に通うんですが、今いろいろ方策を練ってるところなんです」

私が阪大で女子学生として扱ってもらえるようにすることは、全国的な先例のひとつとしても意義があるとあらためて自覚された。これは責任重大である。


年明けまでに私は方針をまとめた。

押し通せば名前をすべて［佐倉智美］にすることも不可能ではないかもしれないが、それだと奨学金などの申請時に出す過去の成績証明書と齟齬が生じたりするだろう。やはり［小川真彦］と同一人物であることがわかる名前でないと、自分にとっても何かと不利である。むろん「女子学生」の名前がズバリ［真彦］ではまずい。ということでもっとも妥当なのは、ひらがな書きの［小川まお］で学籍を作ってもらい、日常の学生生活の中では［佐倉智美］を名乗るという方法だと思われた。伊藤公雄先生にもメールで相談してみたが、この案で一度大学の事務局と掛け合ってみてはどうかとのことであった。

実際に事務局を訪れると、「検討してみます」という玉虫色の文言ながら、前向きな気配の応対をしてもらえた。さらに私は続けた。

「あと、学生証などの性別欄は『女』で表記してもらいたいんですが」

これは名前以上に重大なポイントである。パスポートではダメだったが、学生証ならなんとかなるのではないか？　だがここで返ってきた答えには意表を突かれた。

「あぁ、学生証に性別欄はありません」

「えっ、……ないんですか」

「学生証をはじめ、性別欄のある書類はないですねえ」

欄自体がないと言われれば、これはもはやそれ以上どうしようもない。むろん学生のデータを管理するコンピューターのどこかには性別も記録されているのだろうが、とりあえず通常はオモテには出てこないらしかった。思えば性別欄なんてものは、じつは必要でないことのほうが多いのだ。この点では「女」と表記してもらえるよりも、もっと理想的なのかもしれなかった。

余談だがこの前後、鳥取市や埼玉県新座市などが市の公文書から性別欄を可能な限り撤廃する方針を打ち出したことが相次いで報道されていた。それぞれ在住のトランスジェンダー当事者が当局に訴えかけた成果らしく、まさに画期的なことだと言えた。

数日後、事務局から電話があり、名前の件は提案どおりでOKと認められた。

これを受けて私は入学手続きの書類をすべて［小川まお］で記入した。大学側でも同様に準備が進むはずだ。

ただ授業料の口座振替の書類を、まずは銀行の窓口に持って行った際、口座名義のフリガナこそ［オガワマオ］なものの漢字は［真彦］なので、［まお］では手続きできないという融通の利かない対応に遭った。よほどまた支店長とケンカしようかと思ったものの、それも徒労と悟った私は、書類の［まお］の上に小さく［真彦］と〝逆ふりがな〟を書くことで手を打つことにした。

銀行振替の手続きはしたものの、授業料は大学の減免制度も利用することにした。収入基準からしてウチはじゅうぶんに対象である。しかしそのための提出書類をめぐって、大学の窓口とこの件ではずいぶんモメた。そもそも制度が社会人入学者を想定していない上に、減免基準における家族のとらえ方がきわめて封建的・家父長制的なのだ。サラリーマンの父と専業主婦の母を持つ子どもの入学を標準としているフシが多分にある。もっと家族の多様な在り方に配慮してほしいものである。しかも窓口の担当者の態度がいささかよくない。いわゆる「お上」意識で「やってあげている」という気配がカウンター越しに伝わってくる。公務員はもっとサービス業としての自覚を持つべきだろう。

そんなこともあったものの、基本的には希望どおり「女子大生」としての入学の手続きは進み、いよいよ本当にあとは入学式を待つだけとなった。

さくらの花の咲く午後

去年は異様に早く咲いた桜も、今年、二〇〇三年はちょっと遅め。三月下旬の時点ではまだ五分咲きにもなっていなかった。そんな桜並木の下を、たまたま相方といっしょに満咲を保育園に迎えに行った帰り、親子三人で歩いた。

「入学祝い、せなアカンね」

相方には、入学にともなってまたいろいろ負担をかけることになるが、さしあたってそう言ってもらえるのはありがたいことだった。

「母ちゃん、父ちゃん、見て見て、ちょうちょ飛んでる、ちょうちょ」

すっかり饒舌なおしゃまさんになった満咲は、早いもので夏にはもう四歳である。家族のこの体制も、思えばすでにずいぶん長いものだ。そしてこれからも、私たちはこうして歩いていくのだろう。春の夕刻の日差しは、やさしく並木道に降りそそいでいた。

街角には統一地方選挙の立候補者がポスターを貼るための板が設置されはじめていた。大阪ではあまり盛り上がるポイントのなさそうな選挙だったが、東京のほうからは、上川あやという人が自分は元は男性のトランスジェンダーだと明かした上で立候補する予定だ、という情報が聞こえてきていた。これもまたひとつ意義のある流れかもしれなかった。

「もしかしたらなんとか当選するんやないかなぁ」

「んー、どうやろ」

「えー、何ナニっ、父ちゃん母ちゃん、何話してんのん？」

やがて上川あやさんが「もしかしたらなんとか」どころではない得票で上位当選することがわかるのは、まだあと一カ月ばかり先の話である。

思えばトランスジェンダーをめぐる情勢は、ここ数年で劇的にと言ってもよいほど変化した。「性同一性障害」という言葉の知名度はいちじるしくアップした。『金八先生』でも取り上げられ、昨春の競艇・安藤選手の例、そして鳥取市などでの公文書の性別欄撤廃など、話題は途切れることがない。そんなムーブメントの一角に、おそらく私も微力ながら加わっていたのだろう。そうやって、ひとりひとりのしてきたことが、相互に作用しあいながら世の中を動かしてきた……。そして、これからも。

四月が一週間ばかり過ぎ、桜も満開を迎えた。そんなある日の午後が、いよいよ大阪大学大学院の入学式であった。それはまた人生の午後を女として生きはじめた私が、新たなステージを上るときでもある。スカートのスーツに身を包んで、私は入学式に向かった。春風が街を包んでいた。

あとがき

ここまで読了された方はおわかりかもしれないが、本書の隠れキーワードは「女子大生にな る」である。本書の元になる原稿を、インターネットのメールマガジンで連載していたときには、ズバリ『女子大生になった男！』というタイトルだったりもした。

ところで「女子大生」と聞けば、やはり思い浮かべる特定のイメージがある。ピチピチのギャル。名門最高学府に通うお嬢様。合コンやサークル活動に余念なし。多少の幅はあれど、こういったことを思い浮かべる人も少なくないだろう。共通項は「ファッションなどにも関心の高い若い女性」といったところだろうか。

私のように業として文章を書く機会のある人間は、こうした固定的なイメージを活用して、伝えたい意図を端的にまとめることもままある。例えば、私の服装がついつい若作りになってしまうことを表した「服だけ女子大生」などである。

しかし、実際の大学、ことに大学院の研究室を覗いてみると、固定的なイメージは、まさにステレオタイプにすぎないことが明らかになる。近年はどこの大学・大学院も、社会人入学に力を注ぐ傾向がある。企業などから受け入れた研究生も在籍する。そのせいもあってか、キャンパスには年齢・経歴不詳の「女子大生」がいっぱいである。中には先生と見まごうような年長者もいる。留学生も少なくなく、国籍まで不詳である。

このように「女子大生」といっても、実態はじつにさまざま。そして、このたびは私のような〝性別不詳〟まで加わったことになる。

となると、先の「服だけ女子大生」のような表現は、いささか不適切なものに思えてくる。特に当人の社会的身分が本当に女子大生になり、「服だけ」でなくなってしまうと、まさしく的をはずした言い回しと化す。したがって、「女子大生」という表現で若い女性を意味する用語法は、ある種の虚構なのだと言うこともできるだろう。

ただ、かくのごとく実態がきわめて多様であるにもかかわらず、それを表す言葉の持つイメージがいちじるしくせまい範囲に固定しているケースは、なにも「女子大生」に限ったことではない。そして、その最たるものが「女」や「男」ではないだろうか。本当は、ひとりひとりのあり方は、人の数だけある。それを無理やり「女」か「男」かに二分し、すべてがワンセットとなったイメージを押しつける「性別」というものは、いわば壮大なフィクションなのである。

閑話休題。

そんなこんなで、私が大阪大学大学院に入学してから、はや一年半以上が経過した。現在は、修士論文の執筆に追われて目を回しているところである。

女子学生としてのキャンパスライフは、やはりよいものであった。女性として扱われることは、もとより快適だし、女子学生どうしでランチに行ったりして、いろいろおしゃべりするのも楽しいものである。むろん勉学に励む際も同様である。

この間に、世間では「性同一性障害者の性別の取扱いの特例に関する法律」が成立し、戸籍上の性別が変更できるようになったことが話題に上っている。しかし、この法律は、私のような〝手術をしていない妻子持ち〟が門前払いになってしまうなどの問題点がまだまだ含まれ、そもそも立法のコンセプトが、どうも「男は男らしく」「女は女らしく」という既存のジェンダー規範から、一歩も外へ出ていないように見受けられる。

そういう意味では、この法律は功罪相半ばといったところなのだが、私はひそかに「これは論文のネタになる！」などといった不謹慎なほくそ笑みかたも、一方でしている。そのあたりが、じつは〝明るいトランスジェンダー生活〟たるゆえんなのだが、まあ、無事に修士論文がまとまれば、その成果が本になって書店に並ぶ日が来るかもしれない。その後のことは未定なのだが、博士課程に進んで、女子大生生活を続けるのも悪くはないだろう。

というわけで、もしも「当分は、女子大生・佐倉智美から目が離せないゾ」と思ってもらえるなら、幸甚である。

二〇〇四年　秋

佐倉智美

佐倉智美（さくら　ともみ）

1964年、関西に生まれる。幼いころより自分の「男」という性別に違和感を覚える。1988年、関西の私立大学・文学部社会学科を卒業。1997年、自らの〝性同一性障害〟を確信、社会的・文化的性別を「女」へと転換し、トランスジェンダーとして積極的に活動を始める。2003年４月より大阪大学大学院人間科学研究科生。2004年６月より、ジェンダーバイアスフリーな社会をめざすＮＰＯ法人「ＳＥＡＮ」理事。著書に『性同一性障害はオモシロイ』（現代書館、1999)、『女が少年だったころ』（作品社、2002）、『女子高生になれなかった少年』(青弓社、2003) など。

ホームページ「佐倉ジェンダー研究所」
http://homepage3.nifty.com/tomorine3908/

明るいトランスジェンダー生活

二〇〇四年一二月一〇日　初版第一刷発行

著　者　佐倉智美

発行者　中嶋　廣

発行所　株式会社トランスビュー

東京都中央区日本橋浜町二-一〇-一
郵便番号一〇三-〇〇〇七
電話〇三（三六六四）七三三四
URL http://www.transview.co.jp
振替〇〇一五〇-二-四一二七

印刷・製本　中央精版印刷

ISBN4-901510-27-4　C0095